《感悟医学家》系列丛书

感悟医学家

（第一辑）

杨志寅　郝新平　主编

科学普及出版社

·北　京·

图书在版编目(CIP)数据

感悟医学家(第一辑)/杨志寅,郝新平主编.—北京:科学普及出版社,2009.1
ISBN 978-7-110-06978-3

Ⅰ.感… Ⅱ.①杨…②郝… Ⅲ.医学家—列传—中国 Ⅳ.K826.2

中国版本图书馆 CIP 数据核字(2008)第 165443 号

自 2006 年 4 月起本社图书封面均贴有防伪标志,未贴防伪标志的为盗版图书。

科学普及出版社出版
北京市海淀区中关村南大街 16 号 邮政编码:100081
电话:010-62103210 传真:010-62183872
http://www.kjpbooks.com.cn
科学普及出版社发行部发行
北京玥实印刷有限公司印刷

*

开本:787 毫米×960 毫米 1/16 印张:12 字数:180 千字
2009 年 1 月第 1 版 2009 年 1 月第 1 次印刷
印数:1~4000 册 定价:28.00 元
ISBN 978-7-110-06978-3/K·85

(凡购买本社的图书,如有缺页、倒页、
脱页者,本社发行部负责调换)

《感悟医学家》编委会

主　　　编　杨志寅　郝新平

副 主 编　杨 震

编者及专家　袁法祖　张涤生　顾玉东　吴咸中　翁心植

　　　　　　吴英恺　张茂宏　杨德森　王元萼　葛均波

　　　　　　贾继东　李兴旺　凌　锋　王学浩　郝新平

　　　　　　杨志寅　杨 震　张 彦　陈明莲　许 倩

责任编辑：许　慧　周晓慧　高立波　彭慧元

责任印刷：安利平

责任校对：林　华

封面设计：天女品牌形象设计有限公司

序

由杨志寅教授和郝新平主任主编的《感悟医学家》系列丛书的第一辑出版了。一些医学院校准备将本书作为医学生的医德教育参考书,我想这应该是一本有意义的、医学人文基本理念教本。的确,在我们为医之初,就应清醒地树立起正确的人生观、价值观和职业观,明白这份职业承担的责任和义务——为挽救他人生命奋不顾身!

本书内容形式多样,有我国著名医学家前辈,如裘法祖院士生前亲自撰写的从医多年的感悟,娓娓道来,如温暖和煦的春风拂面,感人至深;有作者郝新平等采写的老中青年医学专家的从医经历和感悟,让人体味到为人类健康而献身于神圣医学事业的医学家的高尚情操,如影响了几代中国人和中国医务人员的加拿大医生白求恩。作者以高度的社会责任感和敬业精神,亲临白求恩故居采访,并采访了当年白求恩在中国时期的战友和翻译的后代,翻阅了大量白求恩的作品。文章激情澎湃,提供了不少鲜为人知的、宝贵的历史资料,向读者展示了一个全新的白求恩,对今天的我们有更多的启发。

书中收录采写的不少医学家,都是该学科的领军人物,除了医术高明,最重要的还是医德高尚,在业内和患者中享有很好的口碑。

从事医药卫生新闻报道工作数十年的郝新平同志,在从业感悟中说:不是用笔,是用心灵去聆听和倾诉。我很赞同这种说法。好的文章不仅有作者的文风,更包含作者的价值观、情感、爱憎、思想和人生感悟。

我希望,书中感人的人和事,对青年医学生、年轻医生的成长能有所启发;也希望本书能为医患相互理解、医患关系良好发展起到促进作用。

中华人民共和国卫生部部长

2008年10月9日

前　言

　　本书邀请十几位中国科学院院士、中国工程院院士及著名临床医学家撰写。作者以其毕生的从医历程和亲身感受,或在访谈的基础上,经过我们重新整理和创作,并补充人物简介,穿插有关背景、配合大量史料,讲述了他们鲜为人知的创业史和珍贵的从医经验。书中既有名扬中外的泰斗级医学家,又有深厚学养、并取得突出成就的中年专家。书中有对学问的精彩诠释,有对事业追求的深入理解,有对世俗名利的论断,有对富贵宠辱的人性点拨,有对现实博弈的客观解析,有对医学目的的深层探微。感情真挚,观点独到,表现出真切的生命体验、学识智慧和人文关怀。而这些都是源于他们自身修养与学问的积淀,也呈显大师们平凡中的智慧结晶。展示了一代名医大师高尚的医德、精湛的医术、高超的学术造诣、独特的人格魅力、崇高的精神境界和科学追求。他们怀着一颗救人济世的热忱,含辛茹苦、孜孜以求,把毕生精力奉献给了医学事业,奉献给了无数的病患;他们几十年如一日,为无数病患撑起生命的绿荫;他们培养了无数的优秀医学人才,更是用自己的言行,担负着救死扶伤的崇高使命,并把医者的责任与精神传及后学,堪称医界楷模,值得敬仰和传颂。

　　该书内容丰富生动翔实,探求成功奥秘,启迪心灵,励志奋发。让我们共同分享他们的人生智慧,用心感悟他们的人生真谛。应该说这是医学工作者领略医界大师风范,以言行向他们学习,促进中青年临床医生尽快成长,值得一读的书。

　　《感悟医学家》系列丛书的编撰出版,得到医学界多位大师的热情支持;特别是国家卫生部部长、中国科学院院士陈竺教授亲自为本书挥毫作序,实为幸甚,在此一并致谢。

中华医学会行为医学分会主任委员

杨志寅

2008 年 5 月

目　录

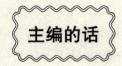

守望生命

永不轻言放弃，因为他们面对的是生命。他们是医生。

没有千千万万医生这个群体，便没有真正的医学家。

这是一次生者和死者的心灵邂逅

令我肃然起敬者，生前是名医生，如今只留下一具躯壳。他的生命终结于1900多年前的公元79年8月25日凌晨一时。公元2007年春，越过千年时空，横跨欧亚大陆，他和他同胞的遗骸一起，来到中国。

中国农历丁亥年二月二十九日上午，和煦温暖的阳光洒在北纬39°56′，东经116°20′，东方古城北京的中华世纪坛，为这座象征中华五千年文明薪火世代相传的巍峨建筑披上了一层金色的霓裳。

承载着华夏深厚人文思想与精神、交织着炎黄传统智慧与现代文明的博物馆，向我们展示的是另一个厚重古代文明国度——古罗马，那盛极一时的著名商港城市——庞贝末日的遗址。一个真实又遥远的故事、一个撼人心魄的场景。

时空隧道将公元1世纪，位于北纬40°50′，东经14°17′的庞贝带到这里——地域、时空的交错，现代文明与古代文明的碰撞，现实的繁荣恢弘和消失的灿烂辉煌纷呈，大自然温情柔和的赐予与摧枯拉朽的毁灭交汇闪现，扑面而来的是直击人心的强烈震撼！

那不勒斯维苏威火山的突然喷发，使庞贝及其附近的城镇轰然崩塌。这场人类历史上罕见的灾难，瞬间将那一刻封存在历史的长河中。这座巨大的"坟墓"以这样残酷的方式使古城免遭历史的洗劫，奇迹般地定格了大量鲜活的物证,向今人传达着久远的信息。

遗骸各异,但一定都是痛苦的。他们用肢体语言简洁地倾诉着各自生命的句号。从其佩戴的饰物以及逃生中随身携带的最有价值的物品(展厅里随处可见的是死难者金光灿灿的金银珠宝、首饰金币等)中,我们不难判断死者的贫富与否、地位高低,唯有职业角色少可揣摩。

但是有一个例外,那就是你————一名医生。庞贝城附近的赫库兰尼姆城的古代海岸及船坞遗址,发掘出 300 具企图乘船逃生的罹难者遗骸。其中一具匍匐的遗骸旁,主人木制的小箱已经朽烂,但其中与现代极其相似的青铜制手术器械,在沉睡地下千余年后,无声地向后人述说着主人曾经的悬壶济世。在这里,我驻足沉思良久,想象着当时的场景,那画面影像般在脑际闪现。你的名字、事迹,甚至年龄,我们已无从考证。但有一点是肯定的:在灭顶之灾到来前的瞬间,在你的心目中,手术器械是最有价值的。慌乱逃生中,你没有抢救自己的钱财,却将手术箱紧紧抱在怀里。人人自危的那一刻,你在想什么?抑或想到的是,逃生路上一定有人受伤需要你马上手术救助。在生命最后的时刻,你仍坚守希波克拉底的誓言:病人的利益是最高目标! 此时,你的相貌、名字甚至医术是否高明已经不重要了。重要的是,你生前是个好医生,我肯定。

你锈迹斑斑的青铜制手术刀、止血钳、钩针、探针、针,令人惊异古罗马高超的医疗水平!

你危难时刻发散出的人性光芒,突显出你的职业道德和职业责任感————救死扶伤乃行医者天职! 令人荡气回肠!

对我们所有的人来说,你的举动将一个严肃的哲理和沉重的话题推到我们面前————当死神逼近时,我们会携带什么逃生?! 什么皆可舍弃,唯独赖以拯救他人性命的工具,"随葬品"般地伴随你至数千年。

在神祇的冥冥中,好像我在这里等候你,等候你沉埋数千载的灵魂随着残垣断壁的古城一同来到我眼前,向我倾诉……

在这善美之光的照耀下,我默默向千年来仍蕴含生命价值的、你不朽的躯壳注目致敬————庞贝古城的生命,在毁灭中永恒;你的生命,在死亡中永生!

我记得这样一句话:应该把自己的生命当做一份给予他人的礼物,为什么不呢？在青年白求恩立志学医时，做医生的祖父曾教导他：在医生的心目中，别人的生命更有价值。这位古罗马医生践行了，诺尔曼·白求恩医生践行了，无数医者践行了。

我们每个人，当你选择了你的人生目标时，就意味这个目标将左右着你今后的很多选择。因为选择的后面是责任。医生这个职业的选择，意味着什么呢？简言之就是：给他人生的希望。中华民族的医圣先贤孙思邈说：大医精诚。此乃亘古不变的行医者之本，上下千年，古今中外，概莫能外！这责任之崇高、之重大是任何职业难以比肩的。

当我提到下面这个名字时，心中充满的是怅然

凌可胜医生，有谁知道这个名字吗？当2007年8月8日，凤凰卫视一档纪录中国抗战期间重大会战的系列纪实电视专题片播出时，我才第一次听到这个名字。网上搜索结果，这个名字下竟然没有任何信息。但却看到了因这期节目引发出网友的强烈反响。大家呼吁：寻找凌可胜！有网友喊出，凌可胜医生"我以我不知您的名字而羞愧"；"之前，我不知道还有如此伟人，至少是相当部分中国人应该感恩的人。今天在百度和谷歌上搜索，居然没有一条相关消息，实在令人不安。为此，请求知道相关资讯的人给予补充，以更多地了解他，感恩他"；"一位伟大的人道主义医生，中华民族伟大的科学家，人道主义者，凌可胜，最后客死他乡。伟大的、知道感恩的中华民族的人民，却不知他的名字，也没有将他的名字写入课本。我以中国教育为耻"；"像凌可胜医生这样对国家、民族贡献如此大的人，在我们的历史教科书中、在广大的民众资讯中、在发达的互联网中，却消失得无影无踪。到底为什么？我们要学会铭记，学会去感恩。"……

据节目中的学者介绍，武汉会战前，大批西方媒体汇集武汉，向西方世界报道中国人民抗战实况。他们发现中国最大的问题是伤兵问题，如果伤兵得不到及时救护，会影响中国军队战斗力，甚至影响到武汉保卫战和整个中国战场。

这时一个中国医生出现了，他就是新加坡华侨、美国科学院外籍科学家、著名医学专家凌可胜。他回国后，立即组建了我国第一批医疗救护队，

奔赴武汉会战等第一线,救助了大量的伤员。之后,他建起中国战地医疗救护系统,包括100多家救护站,培育了大批的救护人员,使我国战时救护网络得到基本完善,为最后战胜日本侵略者发挥了非常重要的作用。

凌可胜医生多次奔赴抗战第一线,包括长沙会战、常德会战、缅甸远征等,深入战区,光着上身,头戴白帽,走在最前面,亲自救护伤员,可谓出生入死。其强烈的爱国主义精神、高度的责任心和人道主义关怀令人感动。

相对白求恩医生及其医护队,凌可胜医生对抗战的贡献不仅仅在于亲自参与手术和创办医院,更在于创建了全国性的战地医疗救护体系及中国红十字会,从而最大限度减少了伤员的残疾和死亡人数,有效地补充了国家急需的兵源。

抗战胜利后,凌可胜医生去了美国。节目说这可能是凌大夫在祖国没有相关消息的原因。(注)

这位学者还介绍说,这位伟大的医学家,脾气刚烈。一次,医生正庆贺圣诞节,没有顾及救护战场上下来的伤兵,他从外地赶回,痛骂医生们无医德,取消晚会,立刻投入对伤病员的救护工作。

和白求恩医生一样,凌可胜医生作为个人,他们阻止不了战争,可是他们为挽救战场上的生命所奉献的人道主义精神,为正义战争最终取胜,起到了不可估量的作用。

说到这里,我想到多年前看到的一个感人故事,它常常令我唏嘘不已。这个真实的故事,颠覆了一个观念:领袖或政治家是推动历史前进的动力——

一天,英国一个名叫弗莱明的贫苦农夫正在田里干活。忽然,附近沼泽地传来了呼救声。农夫赶忙放下手中的农具,奔向沼泽地。只见一个男孩正在泥潭中挣扎。农夫奋不顾身地救起了男孩。

第二天,一辆豪华汽车停到农夫劳作的田边。一位风度优雅的贵族走下车,自我介绍说是被救男孩的父亲,他是亲自前来致谢的。农夫说,这件事"不足挂齿"。贵族说:"我想用一笔酬金来报答你,你救了我儿子的命。"农夫说:"我不要报答,我不能因为救了你儿子就接受酬金,因为这是我应该做的。"这时,农夫的儿子刚好走来。"这是你的儿子吗?""是"。贵族说:"我给你一个建议,让我把你儿子带走,我要给他提供最好的教育。如果他像他的父亲一样,他将来一定能成为令你骄傲的男子汉。"农夫同意了。

时光飞逝,农夫的儿子从圣玛丽医学院毕业。多年后的第二次世界大战期间,贵族的儿子被肺炎击倒,注射青霉素令他获救。

那个英国贵族名叫伦道夫·丘吉尔。他的儿子便是叱咤世界历史舞台、声名赫赫的政治家温斯顿·丘吉尔。在第二次世界大战中,这位英国首相领导英国人民战胜了纳粹德国,取得了反法西斯战争的胜利。农夫的儿子就是青霉素的发明者,并因此获得1945年诺贝尔生理学或医学奖的亚历山大·弗莱明爵士。

他即是被裘法祖院士在收录本书的文章中特别推崇的,那位著名的英国科学家 Flaming。

这件"不足挂齿"的事情改变了世界历史。

忘记是谁说的话,在这里我把它改了一下:历史是一座收藏记忆的殿堂,它记载着人类沧桑,它是我们昨天的脚印、今天的镜子和明天的根基。

记住他们吧! 记住他们就是记住历史。

厚德载物,托载生命的"诺亚方舟"

从事了几十年的医药卫生记者的工作,我有幸接触了很多医学大家、专家、普通医生。

我感触很深,并多次向他人感慨过:越是名扬中外的一些泰斗级、重量级医学家,越为人谦逊。他们卓越的医术往往隐在他们高尚的医德、深厚的学养、平和的为人后面。他们不事张扬,在细节上却彰显人格魅力,常常令我感动。有时仅仅几分钟的交流,就会让我自内心发出这样的感叹:什么是大家,这就是大家! 我从中真正感悟这样四个字——"厚德载物"。比如我或接触过、或采访过的外科专家吴阶平院士、吴蔚然教授、吴孟超院士,内科专家王宝恩、方圻教授,儿科专家籍孝成教授、胡亚美和张金哲院士,口腔科专家韩忠琦教授,妇产科专家严仁英、连利娟、王元萼教授,等等。

主编的话·守望生命

MEDICNE

我采访过的一些已经取得重要成就的中年专家,在生活中他们和我们没有什么不同。他们中的一些人,作为近年来《中国医学论坛报》的年度封面人物被报道,受到人们普遍关注。工作中,他们深得病人和同事的爱戴和信任。工作之外的角色转换,让我看到他们光彩的另一面——丈夫、妻子、父亲、母亲、儿子、女儿。葛均波教授说,妻子病了,他要回家给她煎药,提着大包的药消失在浓重的夜幕中。贾继东教授对迎着他回家的妻子,搂着其肩膀向我们介绍:"这是我媳妇儿。"凌锋教授一家曾被评为全国五好家庭标兵户。侯凡凡教授谈到同为医生的母亲,其言传身教对她人格的巨大影响时的自豪……

17年前,我到雪域高原西藏采访。在那海拔三四千米、生存条件极为险恶,号称地球"第三极"的地方,我惊异地发现,漫山遍野生长着一簇簇娇美的蓝紫色小花。不可思议的是,这种被当地藏胞称作马莲花的小花儿竟然是一种兰花呢!你无论如何不会将其与高贵、娇媚的珍贵兰花相联系。但它们就是这样一片片一片片迎风傲雪、匍匐着向天边延伸,为灰褐色的亘古莽原奉献着一抹抹温暖的亮色。在这里,我遇到一些来自上海、四川名牌医学院校毕业,自愿奔赴边疆已十数载的医生。其中的两位女医生,身材是那么瘦小,甚至显得柔弱。在缺医少药、条件极端严酷而恶劣的环境里,为了当地百姓的健康,他(她)们默默地挥洒着自己的青春和热血。采访中,我的眼泪和她们的泪水流在了一起。回来后,我发表了纪实散文《高原,马莲花的咏叹》。其中的一个情节,是转述她们向我讲述的一个前辈的故事。那悲怆的一幕至今令我刻骨铭心。轻轻地重新提起这个故事时,但愿不会惊扰那安睡已久的英灵……

20世纪50年代中期,年轻的邓院长夫妇,背起行囊,告别母校上海医科大学和亲友,来到西藏。面对桑日县一片高原荒野,他们问:"在哪儿报到?""就在这里。"指着荒野,当地干部说。几年后,桑日县人民医院硬是由这对夫妇一手建起。

1982年,邓院长在去拉萨的路上,发生车祸。肋骨折断造成血胸。抬到就近医院时,无人可以处理这并不复杂的伤情。就这样眼睁睁地看着邓院长因失血过多咽了气,当时他才50多岁。火化邓院长时,藏族农牧民从四面八方涌来,呼天抢地地大放悲声。老阿爸、老阿妈抱着他的遗像哭喊着:

"阿木古拉（医生），我的儿子啊！"这时，奇迹出现了，在熊熊烈焰中，邓院长的遗体竟长时间烧不掉。火光中，他的面容是那样地安详。此情此景难道感动了神灵，在尽力挽留邓院长的真身不去？

在山坡、在屋顶、在河边，那些分别代表天、地、火、云、水的蓝、黄、红、白、绿色小旗做成的经幡，迎着呼啸的山风哗啦啦地悲鸣。莫不是在为邓院长安魂？因为浩瀚、粗犷的世界屋脊，张开它磅礴天地的胸膛接纳了这位优秀的高原之子。

我为这些和马莲花一样，被高原铸造了风骨的人震撼！人世间，能将普通与伟大、平凡与高尚、柔弱与强健，合二为一的，只能是他们不息的生命。

"健康所系，生命相托"——今天，在编辑《感悟医学家》这本书时，我比什么时候都深刻感到人生可以没有很多东西，却唯独不能没有希望。希望是人类生活中具有重要价值的东西。希望之处，生命生生不息！"活着并且健康"——每个人生命中最大的希望，我们一生中又有多少次将之托付给了医者？！

拯救生命！希波克拉底、古代庞贝无名氏医生、张仲景、华佗、孙思邈、李时珍……这些先行者之后，无数医者，无论名家与否，怀着对生命的敬畏、珍视与悲悯，给我们以活着的希望，在我们生命遭遇脆弱的时候。薪火相传、前仆后继！

于是，我相信，在人类生存史上，"生命"是有轮回的！

《中国医学论坛报》记者

2007 年 8 月

注：本文完成后，承蒙北京友谊医院贾继东教授提供信息：凌可胜有没有可能和一个叫林可胜的医学家是同一个人。网上搜索后发现，确有不少关于林可胜医生的信息，并基本吻合凌可胜医生之经历。然而，至今还没有人站出来，证实两者为同一人。即便如此，对林可胜医生我们又有多少人知道呢。

"凡大医治病,必当无欲无求,誓愿普救含灵之苦。不得瞻前顾后,自虑吉凶,护惜生命。昼夜、寒暑、饥渴、疲劳,一心赴救。"唐代名医孙思邈将《大医精诚》列于中医巨著《备急千金要方》之首,提倡为医者必须发扬救死扶伤的人道主义精神,"精"于专业、"诚"于品德,这样才是德才兼备的"大医"。

选择医生这个职业,意味着什么? 简言之:给他人生的希望。中华民族的医圣先贤孙思邈说:大医精诚。此乃亘古不变的行医者之本,上下千年,古今中外,概莫能外! 这责任之崇高、之重大是任何职业不可比肩的。

请看无数医务工作者是如何用自己的生命书写中国大医之精诚!

"非典"肆虐中的"南山精神"

只有大爱,才能不计得失,才能勇往直前,才能奋不顾身。

2002 年 11 月 16 日,一种非常奇特的疾病——急性传染性非典型肺炎(又称重症急性呼吸综合征,"SARS","非典")突袭中国广东佛山。它来势之凶,让人猝不及防,特别是它的传染性之强、传播速度之快,让医学界一时难以认清它的狰狞面容。短短几个月内"非典"在全球 32 个国家和地区发生和蔓延,2003 年 4 月至 5 月呈发病高峰,至 2003 年 7 月,全球病例总数为 8422 例,其中中国内地 5327 例,香港特区 1755 例,台湾地区 665 例,加拿大 251 例,新加坡 238 例。全球"非典"平均病死率为 11%,中国内地为 7%,香港特区为 17%,台湾地区为 27%,加拿大为 17%,新加坡为 14%。在"非典"病人中,中青年人群和医护人员所占的比例较高。

对于经历了那场灾难的人们可能都会清晰地记得,2003 年在疫情最严重的 4、5 月份,为了加强预防,人们出门减少,大多数人戴上口罩,到处弥漫着浓浓的中药味,熟人、朋友见面不能握手或近距离接触……中国部分地区的旅游、餐饮等方面受到一定影响。更甚的是由于部分人的心理恐慌和一些扑朔迷离的传言，真的让世人有些惊慌。

面对如此疯狂的病魔，冲在最前面的是医护工作者，他们不但没有畏惧、没有退缩，而是一往无前。他们告别了亲人，与病人"零距离"接触。一名被称为"毒王"的病人，迅速传染了多位医护人员。面对这样一个崭新的世界性难题，他们认真观察，科学诊治，哪怕一个特殊的表现或变化，都需要认真研究，以便尽快破解谜团、弄清真相。在这场"没有枪弹、没有硝烟"的战场上，无畏的白衣天使们用他们的一颗颗赤诚之心、博爱之心，在感染、生存的选择面前，用默默无闻的行动，拯救病人的生命，续写着救死扶伤的历史。

作为中国著名的呼吸病专家、临危受命的广东"非典"医疗救治专家指导小组组长的钟南山，他清楚地知道，面对的是传染性非常强、人们唯恐避之不及的"不明杀手"！他清楚地知道，已经有一批又一批一线的医务工作者相继倒在"非典"的魔爪下！他清楚地知道，这将是一场恶战，弄不好可能会影响他的英名！他是最早接诊"非典"病人的专家之一，也是最早觉察到"非典"蔓延的严重后果并果断向有关部门提出紧急报告的第一人。正因为他完全清楚这场瘟疫的厉害，所以，他才不可能允许自己袖手旁观，而是义无反顾地冲在了最前线。这就是中国工程院院士、著名呼吸疾病专家、广州医学院钟南山教授。"我们是搞呼吸病研究的，抗击'非典'是我们的天职，正像排雷的碰到了地雷阵，我们不上谁上？这次是非典型肺炎，下一次说不定就是传染性心肌炎，我相信，搞心脏病研究的也会像我们一样站到最前线，绝不会因为害怕传染而逃离……"质朴无华的语言，诠释着钟南山对职业道德底线的理解，也诠释着医务人员在瘟疫面前无所畏惧的职业精神。

大家也知道，发生在人类医学史中的任何一次瘟疫或灾难，广大医务人员都义无反顾地在第一时间冲在了最前线，以实际行动践行医务人员的天职与责任。在这场关系着人类共同命运的殊死斗争中，钟南山以其战士的勇敢无畏、学者的铮铮风骨和悬壶济世的仁心仁术，临危不惧，挺身而出，沉着应对，顽强拼搏，作出了杰出的贡献，从而赢得了世人由衷的敬重。他的名字，他所代表的精神，已成为医学界"抗非"斗争一面飘扬的旗帜。"请把最危重的'非典'病人往我们这里送！"那一刻的悲壮，也不啻于"向我开炮"的呼喊。在抗击"非典"的斗争中，他摸索出"早发现、早报告、早隔离、早治疗"和"合理使用呼吸机、合理使用激素、合理治疗并发症"的防治经验,使广东成为全球"非典"病人治愈率最高、死亡率最低的地区之一。他以实际行动塑造了为人称颂的奉献开拓、刻苦钻研、实事求是的"南山精神"。他和医学同仁们用鲜血和生命换来的防治"非典"的宝贵经验,不仅为中国,同时也是为全人类作出了重要贡献。

在抗击"非典"的战场上,广大医务工作者高扬职业精神的旗帜,无私无畏,冲锋在前,死神近在咫尺。然而,没有一个人临阵脱逃,没有一个人犹豫,前面的倒下了,马上就有人紧急补上,倒下的人一经治愈,立即义无反顾重返沙场。为抢救危重病人赴汤蹈火、前仆后继的壮举在救治现场随处可见。这里使我想起有人曾说过的一句话:"世上有两种职业最危险,那就是军人和医生。"抗击"非典"的一线就是战场,这里和战场没什么两样。奋战在一线的医务工作者们就是战场上的勇士。他们与病人密切接触,看不见摸不着的"非典"病毒就在身边,作为医务工作者,为了挽救病人的生命,以自己的血肉之躯,诠释了"白衣天使"的最高荣誉,体现了全体医务工作者舍生忘死的精神。面对肆虐的"非典",他们把个人的安危置之度外,将人民的生命安全放在首位,可敬的白衣战士们冲锋在前、前仆后继地用汗水和生命筑起了一道道血肉堤防,谱写出了一曲曲感人肺腑的赞歌。

李晓红,1974年7月生于承德,1997年12月入伍,生前系武警北京总队医院内二科主治医师。在救治"非典"病人中,连续奋战6天。被病毒感染后,她还表示,如有新的治疗方法,可先在她身上试验,愿以她的生命换取更多人的生命。2003年4月16日她光荣殉职,年仅28岁。从发病到牺牲的18天,不知多少人在为她伤心落泪。然而晓红始终没有流过一滴泪。因为人类对"非典"的了解甚少,恐惧曾一度震慑人心。然而战友们都记得,晓红每天都是微笑着走近病人,望闻问切,无微不至,她用微笑化解着病人心中的冰霜。战友们更记得,当病魔突然袭来,包括晓红在内的多名医护人员一下子变成了病人,病毒在传染,恐惧和绝望也在传染,她忍着病痛依然微笑:"哪有医生被病吓倒的?要相信科学,广东能治好,北京也能治好!"她用微笑传递着信心和希望。

英雄的背后,往往还站着一群伟大的亲人。广州市胸科医院重症监护室(ICU)主任陈洪光,因抢救"非典"病人感染患病,由于病情迅速恶化,5月

感悟医学家

MEDICINE

7 日凌晨牺牲,年仅 39 岁。胸科医院是广州市第一批指定收治"非典"病人的医院,几个月来共收治了 250 多例"非典"病人。从收治第一名"非典"病人起,陈洪光就战斗在抗击"非典"的最前沿,几乎参与了每个危重病人的抢救。"作为 ICU 主任,陈洪光总是承担最艰难的治疗工作。每遇到需要气管插管的危重病人,他总是跑在最前面。有时病人呼吸道分泌物太多、太急,他甚至来不及做好防护措施就上阵……他已 70 多天没离开医院,每月平均加班 60 多个小时。"洪光牺牲仅两个小时后,烈士的父亲就毫无保留地同意将其遗体捐献出来,以求早日破解"非典"。这位老共产党员说:"人的灵魂去了,就让他的身体完成未竟的事业吧。"而洪光的妻子也非常支持老人家的态度,她说:"洪光若泉下有知,也会同意的。"

2003 年 3 月 7 日"非典"侵袭山西。山西省人民医院急诊科主任梁世奎教授从该院收治第一例"非典"病人起,就主动承担起了救治任务。3 月 26 日,在抢救一位重症"非典"病人时,病人的一股痰液从插管里喷射而出,溅到了离病人最近的梁主任的口罩上。可他顾不上这些,还打手势让同事们往后靠,自己挡在最前面。认真细致地观察着病人的病情变化,快速准确地下达着抢救指令,"马上接通呼吸机,立即注射升压药……"几个小时过去了,他始终守护在病床前,直到病人生命体征平稳。疫情越来越严重,身患糖尿病的梁主任隐瞒着自己的病情,紧张地忙碌着……"非典"疫情侵入山西一个月后的 4 月 7 日,梁世奎被感染上了"非典",在领导和同志们的再三劝说下,他才勉强同意被送进了自己为之奋斗了 33 年的医院病房。患病后他还始终关注着工作,多次打电话询问科里的情况……病重期间,全院上下竭尽全力,但其病情始终没能好转。2003 年 4 月 24 日,57 岁的梁世奎带着对医院和同事们的深深眷恋,带着对亲人的依依深情,带着对病人的殷殷关爱,就匆匆地走了……

梁世奎的身躯虽然倒下了,可在他的精神感召和鼓舞下,17 名被感染的医护人员,在病情稍有好转时,就联名书写了重返一线的请战书;200 多名党员,1000 多名医护人员纷纷递交了决心书,主动请缨到"非典"一线;33 名奋战在"非典"一线的医护人员火线入党,在鲜红的党旗下,他们庄严宣誓,誓与"非典"病魔血战到底,不获全胜,决不收兵。

当医院领导慰问梁世奎年过八旬的老母亲时,老人哭诉着:"世奎的父亲牺牲在交城保卫战中,他是为解放全中国死的。世奎是靠政府的抚恤金长大的,今天他也走了,他是为了保咱老百姓的平安死的,他们父子俩死得值啊!"当组织问老人家有什么要求,老人擦去眼泪哽噎着说:"前两年世奎跟我说过他要入党,不知他后来入了没有,要是没有,就请组织上追认他为共产党员吧!"这,就是英雄母亲在痛失爱子的时候,向组织提出的唯一要求。父亲牺牲在充满硝烟的战场上,儿子倒在了没有硝烟的"抗非"战场上。在这里,我们感受到了民族精神的传承和延续,领略了伟大人民的英勇和豪迈。

"非典"时期,北京佑安医院备受社会各界关注,感染科朱伟平护士长动情地回忆往事。佑安医院是 2003 年 3 月 9 日被确定为北京市第一家"非典"定点医院的。由于形势紧张,筹备时间只有短短的 24 小时,准备工作尚未就绪,第一位"非典"病人在 3 月 11 日早上 8 点就送到了。4 月初,更多的"非典"病人来了,有的还伴有肝炎、尿毒症、心脏病甚至艾滋病,而且一半以上都是重症病人,他们需要抽血、注射、吸痰、气管插管、气管切开、血液透析……看到病人渴望求生的眼神,听着"大夫,救救我,救救我们全家"的呼救,我们的心在流血。在这特殊的时刻,谁都没有后退,也没有胆怯,而是表现出了惊人的勇气和毅力。在最初的十几天,医院的 36 台呼吸机同时使用,护士们最忙时每天要换 500 瓶点滴。开始,临时病房里没有中心供氧装置,病人用的氧气瓶一天要换 100 多罐。临时病房中没有卫生间,也没有上下水,病人大小便都要在屋里。可原本医院里的护工,因为恐慌,一夜之间几乎跑光,病人所有的生活护理任务都压在了护士身上。

病人要洗漱,护士李素华每天用塑料桶配好温水,一桶一桶地抬到每个病人面前,然后把用后的污水一桶一桶抬回卫生间消毒处理,从没有一句怨言。"非典"病人的排泄物具有很强的传染性,病人每一次大小便,护士都要用消毒液反复搅拌,放两个小时以后才能倒掉。身材单薄的护士程鸽,才 20 岁,实在提不动几十斤重的马桶,就用双手抱着马桶,一步一步地往卫生间挪。还有护士李冬梅、赵晶、崔影,她们个子都没有氧气瓶高,体重也没有氧气瓶重,居然能把 100 多斤的氧气罐,一个又一个地送到病人床旁。4 月 12 日上午,朱伟平被感染,住进了自己亲手筹建的病房里。

一天下午,国务院总理温家宝、副总理吴仪和市委书记刘淇等领导来到

感悟医学家

MEDICINE

了佑安医院。总理一下车，就快步走上前，和所有在场的医务人员一一握手。他带来了党中央、国务院和全国人民的期望和嘱托。并要求医院一定要做好医护人员的防护，只有医护人员健康了，才能更好地救治病人。最后，温总理向在场的医护人员深深地鞠了三个躬。那一刻，在场的人激动得热血沸腾，总理的亲切关怀像一股暖流，给了大家极大的鼓舞。

佑安医院先后有 12 位医务人员病倒，但他们都觉得自己不能就这么躺在病床上。患病期间，大家仔细把自己生病的切身感受记录下来，写成了厚厚的分析材料，交给医务科、护理部，为医院制定《"非典"诊疗护理常规》和《消毒隔离规范》提供了重要参考资料。从那以后，佑安医院再也没有发生一例医务人员感染。

302 医院 74 岁的老军医姜素椿，以高度的责任感，奋不顾身投入"非典"防治工作。被感染患病后，又以大无畏的精神，在自己身上大胆试验，主动要求把康复"非典"病人的血清注射到自己的血脉里，不仅为后人闯出了一条血清疗法的新路，也向世人展示了一名军人和白衣战士的高风亮节。

中山大学附属第三医院传染病科邓子德副教授在抢救病人中曾被感染，治愈后仍继续战斗。他的一首《医者无悔》诗写道："救死扶伤闯险关，艰辛历尽意未残。矢志从医言不悔，一朝为病更知难。他日还我强健体，再度悬壶百姓间。"表达了所有医务人员和病人战胜病魔的坚强决心。

宁夏医学院附属医院感染疾病内科的主治医师丁向春和住院医师马丽娜是新婚不久的小两口。面对宁夏的"非典"疫情，夫妻俩向医院领导递交了到救治"非典"一线的请求，并得到了院方的同意。用他俩的话说"这是我们医务人员的天职，就是再危险，我们也要冲上去！"尽管人们谈"非典"色变，尽管一个又一个医护人员因感染而倒下，但是勇敢的医护人员并没有出现丝毫的退缩。

广东省中医院护士长叶欣永远离开了人世，她牺牲在抗击"非典"的战场上。生前，她留下了一句令人刻骨铭心的话：这里危险，让我来。把危险留给自己，把安全留给病人，这是无数医务工作者的崇高精神境界。正是有了一大批白衣战士的顽强奋战，"非典"蔓延的势头才得以遏制，人民群众才得以安享宁静的生活。

千百年来，多种疾病从未停止过对人类的侵袭，但人类也从未被疾病所吓倒。从肆虐一时的天花、霍乱、黑死病、麻风病、脊髓灰质炎、禽流感，甚至艾滋病等，每次传染病对人类的进攻，都会让人类付出惨重的代价。但也正因为如此，人类同疾病较量的激情和勇气也从没有削弱过。人类与疫情不断抗争的结果，无一不是被科学的力量所征服。自古以来，我们就有"神农尝百草"勇于探索的大无畏精神。面对这一全新的疫情，我国医学家在科学理论的指导下，大胆探索，积极进行研究，在中西医结合治疗等方面取得了显著的效果。世界卫生组织专家认为，中国摸索出了一套控制疫情和救治病人的有效方法。这所有的一切无不凝聚着医护人员的心血与生命！在他们付出的沉重代价的背后，献给人民群众的则是一道道靓丽的彩虹。前来广州调查的世界卫生组织专家詹姆斯·马圭尔为我国医务人员的精神深深地感动："中国医务人员冒着生命危险、抢救病人的奉献精神是非凡的，他们是真正的英雄，令人钦佩！"

一幕幕感天动地的场面、一段段可歌可泣的事迹，是这个白衣群体用生命谱写了救死扶伤的壮丽篇章。当我拜读和撰写这些医界英雄们的故事时，曾多次情不自禁地流下泪水。是啊！在这场没有硝烟的特殊战斗中，成千上万的白衣战士以血肉之躯，以自己的实际行动甚至生命书写对祖国和人民的忠诚，为生命之舟保驾护航，证明了他们无愧为新时代最可爱的人，无愧为我们时代的英雄！而作为他们当中的杰出代表，钟南山精神已经化为我们时代精神的一个象征，化为我们民族走向伟大复兴的一面精神旗帜！

在人类与病魔斗争的历史丰碑上，历史不会忘记，人民不会忘记！他们的名字将永远不会被忘记！

在党中央、国务院的正确领导下，全国人民面对来势凶猛的"非典"，迅速组织起全民性防治体系，有效地阻止了疫情的进一步蔓延，并最终取得了抗"非典"斗争的胜利。人事部、卫生部、解放军总政治部 2003 年 5 月 16 日作出决定，追授在抗击"非典"斗争中以身殉职的医务工作者邓练贤、叶欣、梁世奎、陈洪光、李晓红"白求恩奖章"。决定指出，在全国人民万众一心、众志成城抗击"非典"的斗争中，广大医护卫生人员日夜战斗在第一线，把自己的生命与人民群众的命运紧紧地联系在一起，无私无畏、竭诚奉献，甚至献出宝贵的生命。邓练贤、叶欣、梁世奎、陈洪光、李晓红 5 位同志就是其中的杰出代表，他们的英雄行为感人肺腑，事迹催人奋进，不愧为人民英雄。

在这次斗争中,整个社会、民族所表现的强大凝聚力感人至深,医护人员的敬业和献身精神震撼人心。正像有人所说:"一座不垮的大厦,必定有挺拔的栋梁;一个不倒的巨人,必定有刚直的脊梁。在中华民族遭受灾难的紧要关头,白衣战士以超常的勇气和智慧,把危险留给自己,把安全留给别人;把艰辛留给自己,把轻松留给别人;把泪水留给自己,把欢笑留给别人。他们是中华民族的优秀代表。"

（杨　震　杨志寅）

非典肆虐中的南山精神

MEDICINE

做人、做事、做学问

——对青年外科医生的几点期望

裴法祖

裴法祖,中国科学院院士。1914 年 12 月生,浙江杭州人。1939 年德国慕尼黑大学医学院毕业,获医学博士学位。曾任华中科技大学同济医学院名誉院长、外科学教授、中华医学会外科学分会名誉主任委员、中华医学会武汉分会会长、国际外科学会会员。

裴法祖从事外科学医疗、教学、科研工作达 65 年,是推动我国腹部外科和普通外科发展主要开拓者之一,又是我国器官移植外科主要创始人。20 世纪 50 年代对晚期血吸虫病肝硬化和肝炎后肝硬化引起的门静脉高压症的外科治疗进行了深入研究,创建了"贲门周围血管离断术",有效地控制了门静脉高压引起的上消化道大出血,获 1978 年全国科学大会奖。20 世纪 70 年代在我国最早开展从动物实验到临床实践的肝移植研究,于 1980 年创建了我国第一所器官移植研究所。近 10 年来致力于胆管流体力学与胆结石成因的研究;在他的指导下,自体外牛胆汁中研制培育出"体外培育牛黄",被卫生部批准为国家一类新药,并于 2003 年获国家技术发明奖二等奖。

主编著作有全国高等医学院校规划教材《外科学》(一、二、三、四版),大型参考书《黄家驷外科学》(四、五、六版),医学百科全书《外科学基础》分卷、《普通外科学》分卷;发表论文 240 余篇。早在 1948 年创办了我国第一本医学科普刊物《大众医学》,担任该刊物主编 10 年之久(1948～1958)。

裘法祖于 1982 年获联邦德国海德堡大学名誉博士学位,1985 年获联邦德国大十字功勋勋章。他是亚洲血管外科学会名誉会员,同济大学名誉教授,暨南大学名誉教授,香港中文大学外科学客座教授,香港外科医学院名誉院士。2000 年接受中国医学科学院"中国医学科学奖"。2001 年中国医学基金会授予"医德风范终生奖"。2003 年获何梁何利基金科学与技术进步奖。他是第三届全国政协委员,第四、五、六、七届全国人大代表。2004 年湖北省人民政府授予他"人民医学家"荣誉称号。

青年外科医生的成长

青年外科医生的年龄一般在 30 岁左右,是 20 世纪 70 年代末期或 80 年代初期的毕业生。按正常情况,他们已有 5～10 年的临床实践经验,但其中有一部分人由于种种原因缺少临床锻炼机会或者没有受到较系统的训练。还有少部分人毕业后继续攻读研究生 3～6 年,获得了硕士或博士学位,研究生期间没有或很少有机会接触临床实践,也就是成为所谓"眼高手低"的外科医生。尽管这些研究生在某一个专题上有很深入的研究,但要胜任一个外科医生的工作,需要掌握的知识和技术远远超出在研究一个专题中所需要的。所以研究生在取得学位后进入临床仍然要从零开始学习,这是我近年来的深刻体会。

外科学是一门科学、技术和艺术的综合学科,也就是外科医生不但要有科学的思维,还需要掌握熟练的操作技巧,犹如一个雕刻家雕刻出一个精美的艺术品一样。所以,一个外科医生必须具有将手和脑的工作高度结合的能力,用精湛的操作技术来完成各种手术,以达到最佳的效果。鉴于这个高度的要求,我们老一辈的外科医生究竟应该用什么态度对待上述两种青年外科医生的实际情况呢? 是放之任之,还是要关心他们。我看,应该是满腔热情地去鼓励他们、指点他们、帮助他们,让他们很快地补上所缺的课,从而很好地挑起承上启下的艰巨担子。

那么,如何能够使他们补上所缺的课呢? 坦率地说,还是要靠他们自己的刻苦努力，抓紧时间做到多听、多看、多做，从而掌握会做、会讲、会写三项过硬的本领。

1. 多听

多听是指要利用各种不同的场合，听老一辈医生的讲述。在查房、手术、会诊、病例讨论时，有不少知识是可以从讲述中学到的。要知道，有不少临床经验没有写在书本上，或者，尽管写在书本上，并没有引起读者的重视，而正是这种讲述常常是提醒大家重视的最好方法。我们老一辈的外科医生也应该多讲自己的临床经验。不但要讲成功的，更重要的要讲一些失败的教训，从而使青年外科医生不重犯我们的错误，这才是真心的帮助。

另外，要争取多参加各种不同的学术讨论会、学术报告会。我的老师曾经说过：听一个报告，只要报告中有一句话对自己有帮助、有启发，那就已经值得去听这个报告了。当然，听报告也受时间、交通、经费等问题的限制，这些应该要求各医院的领导、组织来很好地解决。但我也看到，有的医生连在本单位的报告也以种种原因推托不去参加，坐失这种良机，实在可惜。

2. 多看

多看包括多方面的，如观察每个病人的病情变化，手术时注意术者的方法、步骤和操作等。更重要的是要多阅读书籍和文献。我们不强调必须阅读外文文献，但至少应该阅读国内文献。目前，国内外科刊物中除了《中华外科杂志》、《中国实用外科杂志》以外，还有各种专科杂志，这些刊物的内容相当丰富，也具有较高的学术水平。可惜在青年外科医生中还有人不习惯多阅读专业刊物，不经常注意国外的新技术、新进展，而满足于现状。这必须引起重视！

3. 多做

多做，决不意味着是去抢做手术，也不是要争做大手术的术者，而是在有机会时多做各种手术，不论是大的或是小的。一例乳房脓肿切开引流也会获得新的体会；做第一或者第二助手拉好创钩同样会学到不少经验。我曾经遇到这样的事：一个晚上要一位实习医生参加阑尾手术，当这位实习医生进手术室后知道是要拉创钩时,转身扬长而去,并说:"阑尾切除我做够了。"这种不良现象是十分有害的。可以断言,如不改正,这位实习医生也绝不会成为一个好的外科医生。

当然,在多做这一点上老一辈的外科医生负有重大责任,必须做到大胆放手。手术在外科工作中毕竟是一个重要手段,也是治疗成败的关键,不放手又怎么能使他们学到手呢?但在放手的同时一定要加以具体指导;仅仅在旁边站着看他们做手术还是不够的,应该亲自上台直接指导帮助他们。在帮助做手术的时候一定要严格、一丝不苟地要求他们进行操作。这就叫做大胆放手,具体指导,严格要求。

经过多听、多看、多做这些手段,就可以逐渐掌握会做、会讲、会写的为病人服务的过硬本领。

4.会做

会做就是要能够独立地做好每一例手术,特别是做好常见手术。会做的内容包括术前准备、术后处理等重要环节。要做到:做一例手术,治好一例病人;让病人很快痊愈,很快出院。这才是会做。一位普通外科的医生,如果能很好地掌握胃大部切除术,包括其适应证、术前准备和术后处理,且效果很好,他就是一位很好的外科医生。

5.会讲

会讲是需要锻炼的,要讲出自己的意见、论点,既要概括,不拖泥带水,又要达意,精练准确。当然,每一个人的口才不同,但仍然是可以锻炼出来的。要讲给学生听,讲给实习医生听,在学术讨论会中要发言讲给大家听。这样,才能起到相互交流、共同提高的作用。

6.会写

会写就是要学会总结经验,将它记录下来,这就更需要刻苦学习了。应先从写好病史开始,再可写病案分析,进一步再写出自己在临床工作中的点滴体会。要写得重点突出、深入浅出、层次清楚、标点准确。要使他人阅读后懂得你所写的内容及用意。老一辈的外科医生一般都有写作经验,要督促青年外科医生去写、多写和写好。要给他们出题目，审修他们写好的文章，不但要求他们写的内容具有科学性、逻辑性，即使错用的标点符号，也要认真给予改正，这就要求我们老一辈有一定的耐心和细心了。

外科医生如何才能做好工作

1. 做人

如何做人？这个问题很难回答，只能靠自己去感悟、去思考。有两篇文章很值得一读：一篇是周恩来总理的外交秘书李慎之先生写的《做学问首先要做人》；另一篇是北京积水潭医院已故的手外科韦加宁医生的讲稿《最重要的是做人》。这两篇文章读后我感受甚深，思考了很久，更感到要做一个医生，一个好医生，首先应该做一个好人。什么是好人，就是要诚实、正直，要谦虚、本分，要关心别人胜于关心自己，要成为一个胸襟开阔的人。第一，要做诚实的人。不久前，我遇到两件事情，使我内心很不平静。一件是一位硕士研究生，带着一封备加称赞的推荐信去某医院就职。但他工作表现甚差，经查那封推荐信是假的，是他自己写的。当然，他也就此被辞退。另一件是某院的一位医生，在德国进修后写了一篇论文，2002 年在某刊（英文版）发表。论文的第一作者是他本人，另两位是德国人（导师及一位医生）。由于投稿时附有这两位德国人同意发表的两封信件，该刊编辑部就同意刊登。2003 年，被这两位德国作者发现，不同意他发表此论文，因为研究工作不是他一个人做的。经查这两封德国作者的信也是假的，是他自己写的并代其签名。德国两位作者坚持要他以英文、德文两种文字在该刊（英文版）公开道歉，并要求撤销此论文。中国有句老话："要想人不知，除非己莫为"。做了不诚实的事，迟早会出问题的。我一直认为：最老实、最诚实的人，是最聪明的人。第二，要做谦虚的人。有的人从国外回来，或获得了博士学位，我相信他在某个专业的某个领域做了很多有成效的工作。但他在其他方面缺少知识，还需要多多请教别人，比如说临床处理病人。孔夫子有句话："三人行，必有我师。"还有句"不耻下问"。我已 92 岁，对新技术、新理论如计算机、纳米技术、细胞因子、基因等都不太懂了，我总是请教我的研究生，我并没有因此觉得掉面子,相反,他们更加尊重我。现在,有的年轻人学成回国,有点不愉快或目的未达到,就拿架子,甚至扬言要走人,这是极不可取的。做了一个外科医生,或获得了一个博士学位,不要以为高人一等。想一想,一个司机、一个电工,如果他们有机遇学医,也会成为一个很好的外科医生。第三,要尊重他人、尊敬老师。尊重人是相互的,要想别人尊重你,你就必须先尊重别人。要尊敬老师,理由很简单,因为每一个人都要老的。你不尊敬你的老师,等你老了,你的学生也不会尊敬你的。韦加宁医生在他写的《最重要的是做人》文中说:每一个医生都有他光辉灿烂的事业顶峰,也都会有他衰老退休的时期。如何对待退休的老师? 他们已无力和你争什么,至少在你的心底,应该给他留一块尊重的领地。这句话是何等深刻,何等高尚!第四,要做能容人的人。要团结人,要能原谅别人不足的地方。要胸襟开阔,与人为善,特别是作为一个科室领导或上级医生,更要注意做到这一点。

2. 做事

这里说的做事,就是应该如何做医生,特别是做外科医生。1939 年,我在德国慕尼黑大学医院开始了我的外科生涯。在我做外科工作 1 年以后,我的导师才允许我做第一个阑尾炎手术。记得我做第三个阑尾切除手术时,病人是一位中年妇女。手术后第五天这位女病人忽然死去。尽管尸体解剖没有发现手术方面有什么问题,但我的导师的目光严肃而冷峻。他对我说:"她(死者)是一个 4 个孩子的妈妈!"60 多年前的这句话深深地印在我的记忆中,始终在教育我,并影响我 60 年外科生涯中的作风和态度。1947 年,我远渡重洋回国从医。在上海工作时,一位女教师来就诊。10 年前她有过一次剖宫产手术,从此常发生消化不良、便秘,还经常腹痛。我反复检查她的腹部(当时还没有超声检查),摸到一个成人拳头大的包块,决定为她做手术。术中看到的景象使我大吃一惊,原来是一条手术用的布巾,缩成一团,被肠襻牢牢包裹着。这异物在腹腔留置竟达 10 年之久! 这位女教师在恢复健康后亲笔书写了一张横幅:"生枯起朽",非常高兴地送给我。当然,这样的事件虽属罕见,但也说明了一个问题,那就是医生在工作中只要有一点疏忽,就会造成病人多年的痛苦,甚至终身残疾。我想,如果这位病人是主刀医生的亲人,手术完毕时他一定会非常仔细地反复检查腹腔,唯恐遗留异物。要知道，一个病人愿意在全身麻醉失去知觉的状态下，让医生在他(她)的肉体上动刀，这是对医生寄予了多么大的信任呀！病人对医生的高度信任，理应赢得医生以亲人的态度相待！

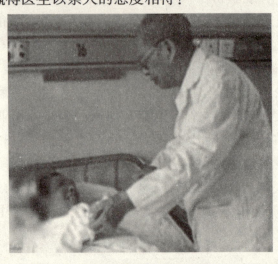

　　医生的态度，即使只是片言只字，都会严重影响病人的情绪和生活。记得20年前，一位银行女职员哭着来找我，说她患了不治之症——"甲状腺癌"。这是某医院门诊一位外科医生草率作出的诊断。当天，她全家四人相拥而泣，通宵达旦。我仔细询问她的病史，又检查了她的颈部，认为她患的是一种病毒感染所致的"亚急性甲状腺炎"。经过药物治疗，3周后甲状腺肿消退了，症状也消失了。病人全家自然庆幸不已。这件事说明：如果医生不假思索地、轻率地下了一个"误诊"，会造成病人和他(她)全家人的悲痛。医生的一言一语应该何等谨慎呀！医生要做到"急病人之所急"已经很不容易，再要做到"想病人之所想"则更困难。记得在"文化大革命"期间，我被安排到门诊工作。有一次，一位老妇人来门诊就诊，说她肚子不适很久了。我询问了病史，再让她躺下，又仔细按摸检查她的腹部。检查后她紧紧握住我的手，久久不放，说："你真是一位好医生。我去了六七家医院，从来没有一个医生按摸检查过我的肚子，你是第一个为我做检查的医生。"这几句话给我的印象极深。我想，像这样一项每一个医生都应该做的简单的常规检查，竟会对病人产生这样巨大的安慰。这说明我们很多医生没有去"想病人之所想"。又有一次，一位儿科老医生患了十二指肠溃疡，来找我会诊。我看到X线片上十二指肠球部有一龛影，诊断已经很明确，就不再给他做腹部检查。这位老医生回去后说:"我很失望,裘医生虽然说了治疗意见,但没有摸一下我的肚子。"这又使我想到,一个医生生了病会有这种想法,那么,一个普通病人有这种想法就更能理解了。

30多年前的一个星期天,我到汉口中山大道一家很大的国营钟表店去修理手表。我问一位值班的女同志:"这只手表摇起来有响声,请你看一看好吗?"她将手表摇了一摇,立刻就还给我,说:"无法修理,没有零件。"我小心地重复了一句:"请你打开来看一看",她很不耐烦地白了我一眼,说:"能走就行了,没有零件。"我再问,她再也不理我了。我只好到对面的另一家大的钟表店去试一试,遇到了一位男同志,但得到的是类似的答复、类似的态度。这时,我偶然发现了这家店的另一角落里,坐着老胡同志,他是我的病人,也是这家店的职工。我立刻走了过去,请他检查一下。他打开手表后盖,发现一个螺丝松脱了。他将螺丝旋到原位,手表就这样修好了。我很高兴,但又很生气地说:"那位同志说无法修理,连看一看也不愿意,我要去责问他。"老胡同志忽然大笑起来,说:"裘医生,算了! 还不是和你们医生看病一样吗?"我听了禁不住有点面红耳赤,道谢而别。几十年来,我一直记住这句话:"还不是和你们医生看病一样吗?"这句话深深地触动了我,使我的心情久久不能平静。

我从事外科工作已经60多年了,在这60多年中看到了、听到了很多医护人员在医疗工作中发生的差错,甚至事故。上面提起的几个事例是在城市或乡镇的每个医院、每个门诊、每日都会发生的。可能有的医护人员听了这些"小事"会付之一笑,认为不值一谈,但我却觉得不应等闲视之。扪心自问,我在工作中有没有"无法修理,没有零件"的态度和作风呢? 我的答复是"肯定有的"。当然,医护人员的工作十分辛苦,绝大多数是在很好地为病人服务。但也应该承认,仍有少数医护人员对病人态度生硬,没有耐心,不愿倾听病人的诉说。在医院门诊部,看到不少病人不远千里而来,他们抱着很大的希望,希望得到帮助,作出诊断,获得治疗。但是捱到就诊时,有的医生却是三言两语,不作任何解释;有的甚至冷脸相待,训斥病人。让我们设身处地想一想,您去商场买一件日用品,售货员态度生硬、爱理不理,这时将心比心,你会有什么感受呢! 何况,对待人的健康问题怎能与买一件日用品相比。我想,我们医护工作者在给病人看病治病的时候,在思想上应该形成这

做人、做事、做学问

样一个概念,视病人为亲人。

3. 做学问

做学问,就是怎样多为人民作出点贡献来。第一,要勤奋。一个人在一生中要有些成就,需要三个条件:①智商;②机遇;③勤奋。其中,勤奋完全掌握在你自己手中。最近,我在报纸上读到一篇短文,文中说:要想知道一分钟的价值,可以去问误了火车的旅客;要想了解一秒钟的价值,可以去问差一点出事故的人;要想知道千分之一秒的价值,获得奥运会银牌的运动员可以给你答案。这就是说我们一定要珍惜度过的每一分钟!记得8年前在湖北省某市召开全国外科学术会议期间,我们进行了义诊。我检查了一位甲状腺肿的女病人,需要手术。这位病人请求我,要求手术安排在周二、周三、周四。当时我很不理解,就问她为什么。她说,星期日这里的外科医生通宵打麻将,星期一没有精神了,而星期五即将周末,医生又开始不专心了。我听了大吃一惊,尽管这种现象是少数的,但有其普遍性。如何爱惜时间多读点书,对自己对病人都是有益的。第二,要打好基础,扩大知识面。我一直提倡年轻医生轮转制度,不要马上定专科;专科是需要的,但太专不好。也是在某市召开外科学术会议期间,听说骨科中有的医生专门搞脊柱,有的在脊柱外科中专门搞颈柱,甚至只管上面三个颈椎,这样显然不利于年轻医生的成长。要知道基础是根基,根深才能叶茂。只有在宽广坚实的基础上才能学好扎实的专业知识,并进一步形成创造的能力。第三,要勤于思考,善于探索。吴阶平教授曾在《外科医生的成长》中谈到在阑尾炎手术前,应该考虑一下:是否急性,阑尾的位置,尖端指向哪里。现在先进的设备很多,如 CT、MRI、B 超等等,不少年轻医生诊断疾病太依赖这些先进设备的检查了,而忘记了进行最必要的体检。我的老师曾经说:阅读 X 线片就能分辨出三种医生:不好的医生,只看报告,不看片子;较好的医生先看报告,再看片子;最好的医生是先看片子,再看报告。微生物学奠基人法国的 Pasteur(巴斯德)曾经说过:在观察事物之际,机遇偏爱有准备的头脑。这个头脑就是善于思考的头脑,准备随时接受新事物的头脑。

创新是外科医生成才的关键

临床外科医生的工作非常繁重，一般没有时间到实验室去进行研究工作，如何在科研方面有所建树、有所创新，是令许多临床外科医生感到困惑的问题。实际上，临床外科医生完全可以在科研方面有所创新，甚至有所突破。在医学发展的历史上，有许多在外科临床工作中取得突破性成果、取得杰出成就的例子。比如，行甲状腺大部切除术治疗甲状腺功能亢进的瑞士外科医生 Kocher 于 1909 年获得了诺贝尔医学奖；法国外科医生 Carrel 由于创造缝合血管技术而于 1912 年获得诺贝尔医学奖。

临床外科医生要有所创新必须具备两个条件：其一是要全面掌握外科学的基本知识，其二是在专业方面必须具有丰富的实践经验。

临床外科医生全面掌握外科学基本知识非常重要。人体各部分是不可分割的，任何一种疾病，或多或少地涉及整体，完全局限于一个系统或一个器官的疾病很少，因此不能孤立地考虑临床问题。我国医学界的老前辈，如吴英恺、张孝骞教授，特别强调一个医学生毕业后不要立即进入一个专业，必须先轮转学习。以普通外科专业为例，至少要有一年时间去轮转。例如：创伤外科三个月，泌尿外科两个月，影像学科两个月，麻醉科及加强治疗科（ICU）两个月，胸心外科两个月，妇科一个月。然后要担任普通外科总住院医生一年，这样才能了解和熟悉外科的全貌。即使是外科研究生，我也主张是临床型的，就是一面作研究，同时参加临床工作。"临床研究生"是我在20 年前提出来的，事实证明，临床研究生较实验型研究生能更好地解决临床实际问题。

努力丰富实践经验是开展创新性工作的前提和基础。我再次强调前面讲过的几句话，也就是在专业临床工作中要努力做到"多听、多看、多做、多想"。要争取参加各种不同的专业学术报告会或病例讨论会。著名的内科学家张孝骞教授曾经说过一句名言："一个病例就是一本书"，讨论一个病例可以获得不少在书本上没有的知识；要多阅读书刊；要亲自检查病人，多做各种手术，只有不断磨炼，才能学到扎实的专业临床技能；要习惯于向自己提出问题，来培养自己的独立思考能力和善于探索的精神。所以，"多听、多看、多做、多想"实际上就是在贯彻"学习是基础,实践是根本、思考是关键"这个基本原则。

我之所以要强调上面两个必须具备的条件,因为"机遇只偏爱有准备的头脑"。人人都有机遇,如果是没有准备的头脑,则视而不见、听而不闻。有准备的头脑也就是上面讲的两个必备条件。英国细菌学家 Fleming 于 1929 年发现青霉素就是一个最好的证明"机遇只偏爱有准备的头脑"的例子。当他在进行葡萄球菌平皿培养时,观察到培养皿中靠近霉菌的一些葡萄球菌落都死了,他意识到这种现象可能具有重大意义,便进行了深入研究,终于发现了青霉素, Fleming 因此于 1945 年荣获诺贝尔医学奖。

著名俄国诗人普希金说过"灵感是在人们不断的工作中产生的。"什么是灵感? 简单地说就是"直觉"。在科学思维中,直觉的例子不胜枚举,但"灵感"或"直觉"只有在丰富的实践经验中才能感悟出来。我举四个例子: ①浙江大学医学院彭淑牖教授在多年的临床实践中发明了捆绑式小肠胰腺吻合术式,减少了胰漏,提高了手术成功率,已在国内外近 100 家医院推广应用,并因此而获得美国外科学院荣誉院士称号。②20 世纪 50~60 年代期间,长江流域血吸虫病十分严重,当时我任全国血吸虫病防治协作组外科组长,组织小分队深入农村为病人切除巨脾,效果非常显著,但切除巨脾时由于严重粘连常引起大出血,而在广大农村缺少血源。我忽然想起,巨大的脾脏里积蓄着大量的病人自己的血液,为什么不利用它而任其白白丢掉呢? 于是在将巨大脾脏切除下来后,立刻将脾血经过过滤,溶入枸橼酸钠溶液,然后再重新输给病人,这样就解决了当时农村缺乏血液的难题。当然,这只是一个小小的改进,只能说是在实践中的"直觉",算不上创新。但这是在长期下农村,在简陋条件下领悟出来的。③从 20 世纪 50 年代起,我就开始研究门静脉高压症引起上消化道大出血的手术治疗,曾做过几百例各种不同的分流手术,但效果不满意,术后再出血率较高,肝性脑病的发生率也高。一直到 70 年代初在农村巡回医疗时,遇到一位血吸虫病性肝硬化的病人发生大出血,他已经历了两次不同分流手术,仍然无效。当时我决定给他行 Phemister 手术,也就是食管下段胃底切除术。当我将胃底及食管下段周围的血管完全离断后,由于没有血源,只好停止手术,不能按原计划切除食管下段和胃底。出乎意料的是,术后病人恢复良好,从此也不再大出血。这使我感悟到，是否只要彻底离断贲门周围的血管就可以达到止血效果？带着这个问题，我进一步做了解剖学研究，发现了胃冠状静脉分出的显著扩张的高位食管支和异位高位食管支，我从而提出了"贲门周围血管离断术"这一术式，这是一种损伤较小、易于操作而效果满意的断流手术。当然，这也是一个小小的技术改进，算不上创新，但这个手术是在积累的临床实践中产生了"直觉"而创建的。④华中科技大学同济医学院肖传国教授发现截瘫的病人仍有膝反射，通过长年深入的动物实验，将脊髓损伤平面以下的废用体神经与支配膀胱的内脏神经连接起来，创建了一个人工体神经–内脏神经反射弧，在手术后 8~9 个月病人就恢复了膀胱功能，解决了截瘫病人尿潴留的问题，这是一项突破性创新。现在已将这种手术治疗扩大到腰骶部脊髓膨出的儿童，也成功地解决了这类病儿的尿失禁问题。这项发明也是在丰富的临床实践中领悟出来的。

加拿大外科医生 Osler 曾经说过：在临床实践中，如果没有理论，犹如在海上航行没有海图的指引，但如果只有理论没有实践，则根本没有行驶在海上。所以理论必须联系实际，在实践中发现问题，从而去研究问题，再回到临床来解决问题。临床外科医生就能在这种情况下产生灵感，从而有所创新。这就是我要说的外科医生在丰富的实践中是可以出成果的。

现在是知识经济时代，知识经济时代就是要创新，而创新的希望寄托在年轻的一代。我们需要创新人才，但必须是德才兼备的人才。我愿意送给年轻外科医生两句话共勉：①勤于学习，善于实践，勇于探索，敢于创新；②做人要知足，做事要知不足，做学问要不知足。

我从医学院毕业到今天已 68 年了，在这个漫长的岁月里，我深深体会到要成为一位优秀的外科医生，必须经过艰苦努力。我由衷地期望年轻一代的外科医生珍惜时间，勤于学习，勤于思考，成为一位优秀的好医生，一位杰出的外科学家。

做人、做事、做学问

MEDICINE

附：

大师已逝音容犹在　徒留悲恸无限

——中国医界泰斗裘法祖院士追思会在京举行

郝新平

2008 年 6 月 22 日，北京。中国医界泰斗裘法祖院士追思会在此间举行。吴孟超、黄洁夫、黄志强、刘永仪、张金哲、盛志勇、吴蔚然、朱预、王澍寰、朱晓东、黎介寿、罗爱伦、邱贵兴、赵雅度、王红阳、党耕町、赵玉沛等 200 多位中国外科学界大腕精英，人人手执白玫瑰，心情极为沉重、步履缓缓地蹀入裘法祖教授追思大厅，向大师遗像鞠躬致哀。

大厅内外，欧洲著名"神秘园"音乐组合那首哀婉忧伤的乐曲 In Our Tears《泪光中》低回，如歌如诉、撞击心扉、催人泪下。一代宗师、医学泰斗、中国现代外科学奠基人之一、中国科学院资深院士、华中科技大学同济医学院名誉院长裘法祖教授环绕在白色百合花丛中的巨幅照片悬挂在大厅正中，"大医、大师、大爱"几个大字生动地概括了这位 94 岁老人、中国外科之父的一生。

人们在泪眼婆娑中，看到大师慈祥的目光在注视着我们，注视着他曾经的学生们——中国医界的精英们。他笑容可掬中透着和蔼、亲切和智慧，仿佛仍在谆谆教导我们人生幸福的真谛："人要知足，我的秘密是，一身正气，两袖清风，三餐温饱，四大皆空。""做一个医生难，做一个好医生更难，最难的是一辈子都做一个好医生。"

大师的学生、挚友吴孟超院士等人，在追思裘老的发言中几度哽咽、不能自已。卫生部副部长、外科专家黄洁夫教授说，在上海开会时听闻裘老去世的消息，顿感怅然若失，仿佛失去了一根巨大的支柱。从所有人的发言中，记者深切地感悟到，巨大的悲痛压在人们的心头，是因为大师的为人之道和医术、医德已然在人们心中矗立，成为一面旗帜，一座丰碑，一个时代的精神象征！

大师的突然远去，留给这个世界太多的遗憾——他本来会出现在 6 月

22 日这天北京这个《中华外科杂志》第十二届编委会第一次会议上，就在 6 月 13 日，即他去世前一天的夜里，他还在为此会撰写贺词，可没来得及修改第二、第三稿！汶川地震转入同济医院的伤员、16 岁的刘银旭，你可听到裘老 5 月 27 日在大会诊的话了吗——一定要保住他的左腿！伤员何成弟，你可知道，5 月 24 日，你成为裘老在这个世界上最后医治的一位病人，他握着你的双手说："灾区的人民受苦了！我们一定尽全力医治，让大家早日康复！"几天前，裘老还在学术研讨会上指出地震伤员救治凸显出的现代外科分科过细的缺陷，大家还等着聆听他的见地呢。裘老的博士生们还在盼望着老师的悉心指导和谆谆教诲呢。而裘老相濡以沫几十年、病重的妻子还等着他喂饭……

追思中，大家表示，裘老的经典名句——"做人要知足，做事要知不足，做学问要不知足"，对无数后来人的人生，产生过重大影响，今后必将继续教育和影响一代又一代人。正如中华外科学会主任委员、北京协和医院院长赵玉沛教授所说："今天中国外科学界集会追思裘老，不仅仅是缅怀，更多的是激励。他的思想精髓将为中国外科学事业的发展注入不竭的动力！"

据悉，6 月 16 日在武汉举行了隆重的裘法祖院士追悼会。党和国家现任和前任领导人胡锦涛、江泽民、温家宝、朱镕基等都送了花圈。成千上万的人民群众在路边为裘老送行。

人生最贵是精神

——怀念医学泰斗裘法祖院士

杨志寅

2008 年 6 月 14 日，中国科学院资深院士，我国著名医学家裘法祖教授因病抢救无效，在武汉逝世。噩耗传来，深感悲痛。回想几年来与裘老的交往，音容笑貌宛在眼前，裘老的爽朗笑声和谆谆教导犹在耳边。

和裘老相识几年，曾多次目睹裘老风采，聆听教诲。我们做临床医生的都知道，裘法祖院士学术渊博、医术精湛，是我国现代普通外科的主要开拓者,肝胆外科、器官移植外科的主要创始人和奠基人之一,为我国外科事业的发展作出了卓越的贡献,被誉为"医学泰斗"。由他提出并亲自主持和指导的门静脉高压症外科治疗获首届全国科学大会奖,肝移植研究获 1979 年卫生部科技成果甲等奖。2001 年获中国医学基金会医德风范终身奖,2004 年被湖北省人民政府授予"人民医学家"荣誉称号。

亲睹大师风采,心生敬佩;近距离接触,更是倍感亲切。有一次会议安排在钓鱼台国宾馆就餐,席间与裘老进行了交流。提起济宁医学院,他说,"我很熟悉,你们的很多学生在同济读研,学生素质很高,导师们都很喜欢。我的弟子张宗明,就是你们的学生,现在已经很有成就了。"随后,他说:"我要感谢你们给我输送的好学生呢",说完就哈哈笑起来。笑声拉近了我们的距离,他还询问了我们学校的近年发展情况,我邀请他为《感悟医学家》一书撰稿,给医学生和中青年医生写几点期望,裘老欣然应邀,虽然已是 92 岁高龄,又身处百忙之中,但不久就发来稿件,并几次打来电话,讨论稿件的修改,探讨青年医生的培养问题。后来,在会议上,我们又多次见面交谈,使我有幸对裘老有了更多的接触和深入的了解。

裘老是一个胸怀宽阔,知识渊博,又非常勤奋的大师。他一直到老,笔耕不辍。前段时间还打来电话说,"我脑子还好用,只是手有些抖。"他一生著书 100 多部,论文 200 余篇。不仅致力于外科学研究的尖端,更以培养医学人才为己任。几十年来,裘老桃李满天下。慕尼黑大学的教授中有他的德国学生;在国内,中科院院士、肝外科专家吴孟超、首创断手再植术成功者之一的钱允庆、器官移植专家陈实、同济医院著名外科专家吴在德等都是他的学生。他曾言,只有弟子做得更好,这个科学家才是成功的。技术上,他要求做到精益求精,他的"裘式刀法"以精确见长,"若要划破两张纸,第三张纸一定完好无损"。他说,"外科学是一门科学、技术和艺术的综合,也就是外科医生不但要有科学的思维,还需要掌握熟练的操作,并且要操作得很精巧,犹如一个雕刻家雕刻出一个精美的艺术品一样。"因此,他一再要求学生"刻苦努力,抓紧时间做到多听、多看、多做,从而掌握会做、会讲、会写三项过硬的本领。"

裘老是一位医德高尚的好医生。他怀揣一颗仁厚之心,以纯洁的品德魅力、渊博的学识和精湛的医术,终生都在致力于做一个有益于人民的人。

他说:"医术不论高低,医德最是要紧","我一生为很多人看过病,但给我印象最深的是农民病人。他们受着生活贫困和疾病的双重折磨。我至今都清楚地记得他们找我时的痛苦表情,当时就感到无形中有一股力量和责任要求我一定要挽救他们的生命。"68年的行医生涯中,他廉洁自律,他说:"我从来不拿一个钱,也不拿红包,他们送东西来我不开门的,他们送,我说谢谢你,拿回去,你拿回去我会对你更好。"多么朴实无华的语言,"德不近佛者不可以为医,才不近仙者不可以为医。"裘老如是说,也如是严格要求自己。他把病人当亲人,曾亲身趴在病床边观察病人的小便流量。裘法祖院士提出了"好医生的标准"。他说,"一个好医生最重要的一条就是能否把病人当作自己亲人一样对待,急病人所急,想病人所想。"

裘老是一个淡泊名利的人。他身居斗室,不慕繁华,工作不谈条件,生活非常简朴,被大家称为斗室里的泰斗。裘老原本有两套相邻的住房,一个偶然的机会,他的夫人走到窗前,看见楼下几个小孩在数他家的窗户,一个小孩说:"这都是裘法祖家的房子",一句很不经意的童言,却让他和夫人很是不安。于是,他就主动要求退出一套住房给更困难的人住。是啊,小小斗室没有影响他成为医学泰斗,小小斗室更折射出裘老的大师风范。这也使我联想起一句名言,"大学不在于有大楼,而在于有大师"的真正含义。裘老还把自己获得的140多万元奖金全部捐出设立普通外科医学青年基金。他教育外科医生要"三知":做人要知足,做事要知不足,做学问要不知足;"三乐":知足常乐,助人为乐,自得其乐。他常说,"做人嘛,我有四点:一身正气、两袖清风、三餐温饱、四大皆空(指名、利、权、享乐)。"他的弟子吴孟超院士说过:"恩师教导我们的那些看似简单而又平实的话语,实则蕴涵丰富的人生真谛,使我至今铭刻在心。"

裘老虽然已离开我们,但他开创的事业已经后继有人,他的精神将永远激励我们奋进。"做医生不难,做好医生很难,永远做好医生就更难"是他一生的追求目标,也是我们的座右铭。

回首往事,历历在目,转眼之间,物是人非,裘老的去世,是我国医学界的重大损失。我们忍痛与裘老告别,愿裘老一路走好!

我这一辈子

张涤生

张涤生,1916 年出生于江苏无锡。中国工程院院士。现任上海市整复外科研究所名誉所长,第九人民医院整复外科原主任,曾任第九人民医院院长。中国修复重建外科学会原主任委员,现任顾问,国家"211"学科带头人,中华整形外科学会副主任委员。1964 年在国内首先开展显微外科动物实验,并在 20 世纪 70 年代应用显微外科技术,在国内外首创前臂皮瓣一期再造阴茎手术,跖趾关节移植重建颞颌关节强直等创新性手术。在国内首先开展游离肠段移植再造食管,大网膜游离移植治疗颅骨暴露坏死,并在国内首先开展颅面外科、胸骨裂心脏外露等手术。1964 年首创微波烘疗法治疗肢体淋巴阻塞性象皮肿,已应用于 5000 余病人,优良率达 68%。先后获得国家级、部级及上海市科技成果一、二、三等奖共 25 项,发明奖 1 项。上海市劳动模范(1976),1999 年国庆前夕,获上海市医学荣誉奖;以及国家科技进步三等奖,全国高等学校先进科技工作者(1990)等奖励。2000 年获得何梁何利科技进步奖。现为美国整形外科学会通讯会员,国际颅面外科学会终身荣誉会员,亚太地区颅面外科学会创始人之一。曾先后担任第十届国际显微外科学术大会主席(1989 上海),第三届国际美容外科学术会议主席(2002 上海),第三届亚太地区颅面外科学术会议主席(2004),第四届亚太面部整形外科学术会议主席(2006.11),第十届国际淋巴医学学术会议主席(2007.9 上海)等。第二届国际面部整形美容外科学术研讨会主席(2007.4.杭州)。

西方人习惯把每一个十年唤作一个"台阶"(decades)。我是1916年诞生的,屈指算来,我已登上第十个台阶了。时间,你跑得好快,我一直紧紧随着你的脚步,一路走来,觉得有些累了,如今头发白,体力差,爬起"台阶"来就慢得多,好辛苦!在这第十个"台阶"上,我回首90多年生活历程,弯弯曲曲,高低不平,有颠沛流离,也有舒畅愉悦。如今适逢盛世来临,我有幸经历这段幸福时光,是机遇,更是难得的福分。承中华医学会行为医学分会邀请我写一份回忆文字,欣然应允,既借此回忆往事,又得以鼓舞后人,承前启后,此之谓也。

人们称"十年树木,百年树人",人们又称"三十而立",此话不假。在过去90多年中,我的人生道路可以分成两个阶段:第一个阶段恰是30年,是我读书,受教育,经受战争考验的培育成长阶段;后60年才是选定专业,朝着整形外科这门新外科专业,开始学习、实践、开拓和创新,最后作出应有成就和贡献的时期。

如今,后60年过去,恰逢世界反法西斯战争胜利和我国抗日战争胜利60周年纪念。在前30年中,我就是在军阀混战、日本帝国主义侵略和占领中国、抗日战争、解放战争、新旧社会交替的过程中走过来的。经历90年的漫长历程,闭目反思,往事历历,如在眼前,不禁心潮澎湃,百感交集,心灵深处颇多体会心得,现分叙于后。

30 年河东成长

在30岁以前,我是在父母、老师的教育培养,进步思想灌输,社会变迁以及战争考验的过程中走过来的。我不是出生于什么大户人家,父亲虽然读过初中,见过世面,曾从家乡无锡远赴东北长春在中国银行前身"大清银行"当过行员,但他毕竟是旧社会过来的人,头脑中充满封建意识。他很爱我们兄弟两人,我曾读过私塾,从读《三字经》到孔孟之道。7岁进入正规小学,后入中学、大学。这个阶段恰是社会变革、新旧时代交替的年代。每个孩子的成长,家庭教育不过只占了一小部分,而社会的影响、老师的熏陶却起着主导作用。对我来说,初中时期我接受了新文学的启发,提高了对社会发展的初步而模糊的认识。初中三年级,日本帝国主义侵占我国东北三省,我也曾随着大哥哥、大姐姐们上街游行,高呼"打倒日本帝国主义"、"还我东北三省"的口号,爱国主义思想也就这样开始在我幼小的心灵中播下种子。随着年龄增长,不断发扬光大,养成我奋发图强,不畏艰险,为国为民"甘为孺子牛"的性格。

在我中学时代,最最影响我成长的莫过于初中时期的一位语文老师和高中时代的一位英语老师。

初中一年级读书时,我有了一位语文老师和班主任,他姓严,名济宽,是江苏宜兴人,他为我们讲课时,谆谆善教,讲得透彻易懂。与别的老师不同的是他除了语文课本外,还特别指定要我们多看文学类书籍,诸如巴金的《家》、冰心的《寄小读者》;鲁迅的《阿 Q 正传》、《孔乙己》以及屠格涅夫的《前夜》、托尔斯泰的《复活》等;也正是这位老师,还要求我们读苏联的新文学小说,如高尔基的《母亲》、奥斯特洛夫斯基的《钢铁是怎样炼成的》等小说,要知道那时是 1929 年,有这样具有进步思想的语文老师是很难得的。他对我们这些莘莘学子灌注了进步思想的种子,使我们年少懵懂的心灵开了窍,初步了解了封建社会和新民主主义社会的存在和异同。

初中毕业后,我考入了私立无锡中学,这个高中是当时著名教育家高残四先生毁家兴学建立的,其以外语教学水平高而闻名江南各地。除中国地理、历史、语文等课外,其他英语、数理化、外国地理、历史等课程都是以英语原版教科书为教材。那时的英语课老师是徐燕谋先生,在他深入浅出细致耐心的教导下,我奋发勤读,终于通过了高中一年级"英语课"这个难关,为今后的提高和应用奠定了坚实的外语基础,使我终身受益!

1935 年夏末,我考进了南京中央大学医学院。大学生的生活和学习,变了一个模式,离家远,周末不能回家了,如何利用课余时间是一个新问题。我入学不久就参加了"南京学联"(左派学生组织),每周参加读书会,艾思奇的《大众哲学》,便是我所读的一本自学书。当时这本书很受进步青年的喜爱,是一本普及共产主义教育的启蒙读物,给广大青年指明唯心主义和唯物主义的区别,以及如何树立唯物主义历史观和人生观的方法和道路。

进了大学,我的政治思想认识大大提高,开始知道中国当时存在着两个截然不同的政党和政权,一个是反动的国民党,另一个就是先进的共产党和工农红军。我知道了井冈山起义、红军的万里长征,在延安有一个由毛泽东领导的红色政权,中国大地上有多少青年向往着它。我们生活和学习在国民党统治区,国民党采取和日本帝国主义妥协,企图消灭共产党,宣扬要"先安内、后攘外",事实上是采取了一条不抵抗投降主义路线。我们大部分青年都是爱国的,具有进步思想,向往共产党,因而参加了各种进步的学生运动,号召全国人民团结一致,全民抗日。通过两年在南京读大学的经历,使我在思想认识上又有了很大提高。

1937年7月7日,抗日战争开始,不久上海开始了八一三抗战,我在家乡参加了无锡市青年抗日后援团工作,但不久国民党军队在上海淞沪战线溃败撤退。同年11月我随中央大学西迁去了成都华西坝继续读书,但抗日救亡的意识在心中燃烧正旺,没多久,就和华西大学的地下党取得联系,参加了当地的学生进步运动。1938年春,我们的组织改组,他们推举我担任"成都华西坝大学生抗日救亡团"团长。之后,华西坝又有几个大学从东部迁来,最后华西坝除华西大学和中央大学外,还有南京迁来的金陵大学、金陵女子文理学院和山东济南的齐鲁大学医学院,这样就有了五所大学。为适应新形势发展需要,在1938年改组为"成都华西坝五大学战时服务团",由金陵大学的一位我的老同学担任团长。

在华西坝上,五大学战时服务团曾在1938～1940年两年多时间里做了不少轰轰烈烈的学生运动工作,我是积极分子之一。

1941年夏我从医学院毕业,被分配到贵阳图云关中国红十字救护总队工作。救护总队总队长是北京协和医学院的林可胜教授,是一位著名生理学专家;领导班子也都是协和医院从北京撤退到后方的各科主任。我在救护总队工作了三年多,接受了很好的外科专业培养,当时外科主任张先林教授是我的恩师之一。1943年底,我奉命调往印缅战区,参加远征军救护医疗队,这样我便飞越驼峰到了印度里多。然后从里多去缅甸北部战区前线,在美军第43流动手术队当军医。我随军参加了密支那、八莫、南坎等几个战役,在日军的猛烈炮火下,进行的伤员急救治疗工作,夜以继日,经历了生死考验,一直到抗日战争结束。

30个春秋过去,从幼年、少年到青年;从家庭、学校到社会,曲曲折折,酸甜苦辣,在父母、老师的教育下,在社会变革、炮火洗礼的锻炼下,我长大成人,到了"而立"之年。它们铸就了我的体魄、思维、知识和性格等多方面的特点。30年河东生活就此结束。这30年的成长经历既锻炼了我健康的体魄,又充实了我入门的知识,培养了我乐于助人、奋发图强、勇于进取的个性。我虽在性格上偏于内向,不善辞令,但内心却充满热情,敢于在最需要时做出头橡子,勇担责任,去解决一些难题。

后60年河西闯荡(在整形外科专业领域)

当我踏进人生第二个创业阶段时,我选择了做一名整形外科医生;不是短期,而是一辈子。老天不负有心人,我如愿以偿,而且还成为新中国整形外科创始人之一和开拓者。

1. 出国进修

1945年初夏,世界反法西斯战争胜利,日本侵略军在1945年8月15日宣布无条件投降后,我于1946年春脱下军装,重返故里,和阔别8年之久的父母和弟妹们重新相见,欢愉之情,难以言表。

这时,老上司林可胜教授为了奖励我们这批随他抗日征战作出贡献的医师们,特选送了100多名各级医师(中老年人),在美国医药助华会(AB-MAC)的资助下,去美国进修或参观。我的外科老师张先林问我愿意学习什么。我不假思索地回答,愿意去学习"整形外科",他便为我办理了去美国费城宾夕法尼亚大学医学进修学院(Gradute School of Medicine)去学习整形外科,导师是美国整形外科先辈之一—Robert. H. lvy教授。lvy那时已近60岁,是一位慈祥谦和的学者,曾先后参加两次世界大战,为战伤晚期伤员做了大量整形修复手术,经验丰富,技术精湛!他知道我有参加第二次世界大战的经历,故此获得他的青睐,特别亲切。在两年时间里,我获得了进入这门新外科专业的开门钥匙,逐步登堂入室。这宝贵的两年异国学习生活,不但充实了我的医学理论和技术,也见识了当时美国科学技术的进步和人民生活水平的提高,对比我国那时落后的现实,进一步促进了学成后为国家努力作出贡献、建设新中国的决心和愿望。当然在生活中，我在外语交流方面也得到很大的进步！这是我留学的双丰收。

回国后几经周折，1962年我终于在上海瑞金医院正式建立了整形外科，这是继北京中国医学科学院整形外科医院、北京医学院附属第三医院整形外科以后，我国第三个整形外科。

2. 机遇和挑战

每个人在创业成长的道路中，虽各有不同的经历，但总的来说，都存在着一条无形的规律，这就是事业要有成就，必须在漫长的创业道路上抓住每一个机遇，勇于接受环境和时代的挑战，不怕困难，勇于开拓，为人民服务，作出无私奉献。我从美国学习回国后不久，迎来全国解放和新中国的诞生，我抓住这个千载难逢的机遇，开始开拓我的人生道路，迄今牢牢不放。

1955年初在上海广慈医院（现瑞金医院），我首次经历了几个严峻考验，并获得成功和声誉。1956年我国登山队首次攀登珠穆朗玛峰成功，但有的登山队员却被冻掉了鼻子、手指和脚趾等，我为他（她）们做了一系列全鼻再造手术、手部功能恢复性手术，都获得很好的效果，得到北京国家体委领导的赞誉，并受到表扬。

1958年"大跃进"，全民大炼钢铁，广慈医院在5月初收治了大面积烧伤病人邱财康，抢救成功。我也参加了抢救小组，这对我既是挑战也是机遇。我参加烧伤治疗重点在深度烧伤的植皮疗伤过程，从中获得了如何整体治疗烧伤的经验，提高了学术水平。从此开始了在全国分赴各地协助救治大量烧伤以及治疗大量晚期瘢痕挛缩病人，促进了我国整形外科的大发展。一位美国学者曾经说，整形外科是第二次世界大战中飞出来的金凤凰！在中国，我想，应该加上一点，新中国整形外科是从1958年大炼钢铁运动中飞出来的一只开屏孔雀。从1962年在瑞金医院建立整形外科学科，1966年迁往九院，经过10年"文化大革命"，一直到1976年以后，整形外科才重放光芒，大展宏图。先是一座宏伟的整复外科大楼拔地而起，然后是整复外科研究所、上海市重点学科、上海第二医科大学整形外科医院相继挂牌，一系列期望和目标，都逐渐成为事实。特别是1978年改革开放以后，我开始了频繁的国际交流，九院整形外科成为国际上一个著名的品牌，这是来之不易的,也是我在过去60年中不断耕耘、开拓创新的收获。

我的人生观和治学之道

让我谈谈我的人生观和治学之道。幼年时,我的性格孤僻内向、不善言辞,在高中我就开始感悟到过于沉默寡言,不善于和他人接触交流,会把自己孤立起来,生活圈子变小,就没有发展前途。如何做到从内向到外向,还得从头做起,从自身做起。这样我开始与同学多交流,建立友谊。但更重要的一点,是我树立了为他人无私服务的人生观,凡是班级中有些要做的事我就主动地承担下来。虽然那时功课很紧,但由于我从不把书本死记硬背,因此花些时间来做些班级工作,两者并不冲突。

这样我在高中二年级时便当上了班长。一直到6年大学毕业时为止,连续当了8年班长,逐渐培养了我的组织和领导能力。我一直认为无论做什么工作,首先要以身作则,以公为首,有时公和私发生冲突时,我常把公放在第一位而宁可放弃个人利益,不计较个人得失。

但在学术创新开拓方面,我却当仁不让,敢为人先,力争第一。几十年来,我为我国整形外科,无论在理论还是在技术上都能够有所创新,有所开拓作出了贡献。改革开放以来,九院整形外科蜚声中外,至今不衰,为国家增添了一份荣誉,这是我个人和我所带领的这个团队共同努力的结果。如今我虽已步入耄耋之年,精力有限,但壮志犹存,继续在为年轻一代的前途道路上指明方向。

治学之道在于"勤"。古人云:"业精于勤,荒于嬉。"这是一条颠扑不破的学习格言。但反思整个人生,我的治学之道还是存在阶段性:①孩提时代、中学时代、大学时代;②大学毕业后,进入服务社会和国家的时期;③有所作为,开始有所成就的时期。它们各有重点和不同的治学之道。

正是上面提到的我在儿童时期就有"好读书,不求甚解"的习惯,那时,什么《三国志》、《聊斋志异》、《水浒》、《红楼梦》、《七侠五义》、《封神榜》等闲书,都一股脑儿读下去。《红楼梦》中有许多诗词,我也囫囵吞枣地一带而过,但慢慢地我就开始改变了读书方法。初中时代,语文老师严济宽在文学上开拓了我的视野和阅读范围,并且提高了写作能力。高中时期是个难关,那时重点虽放在学习英语上,但读书方法却从背书转化到记忆原理和法则方法上去。记得那时班上有 2~3 位同学,他们比我用功得多,不论语文、数学、理化都背得滚瓜烂熟,考试时一股脑儿写了下来,成绩当然优秀,尽占前三名。我不学他们的读书方法,除了必须的文句、定义、段落外,其他只要懂其道理,记其规律和逻辑。考试时,我随意组合很好地回答考题。虽然老师还是把最高分给予几乎背写得一字不漏的同学,但我仍常排在前五名。在大学时代几乎都是应用这种读书方法来学习的。但读《人体解剖学》却是例外,还得死记硬背每条肌肉的名称、它的起止点、某条神经的名字和分布、每种器官的解剖形态和功能,等等。那些拉丁文名词都要下工夫死记硬背,才能把每个名词牢牢记在心头。每当考试来临,我还得花上好几个晚上准备,有时还找一位同学,相伴去解剖室一同边观察边温课。静寂的夜晚,满屋子躺着 20 多具面目全非、难以辨认、发出阵阵刺鼻防腐剂味道的死尸,我们却没有任何一点恐惧之感,专心致志于复习解剖知识。

后来,我当了医生之后,学习之道,主要是一靠老师和上级医生,二靠从工作中获得经验。我认为向上级医师学习是非常重要的途径。这里说的上级医生包括得很广泛,除师兄弟外,还包括同辈在内。古人说:"三人行,必有我师",哪怕别人有那么一点儿心得,你也可以学过来充实自己。这才是学习和提高的正道。

从从师到能够独立工作,这是一个循序渐进、自我提高的过程。对我们这代年纪较大的,当时虽还是"而立"之年、30 多岁的青年人,但由于我所做的专业尚在起步阶段,上没有老师指导,旁无同道可以讨论,一切靠的是书本和自己"不足"的经验,但病人却是带着信心和希望来找我的,这既是对我的一种挑战,又是一种机遇。我拥有一颗热忱的心,还有一些不太成熟的经验,但更有很多参考书作为我的"老师",就这样,我终于在三十多岁就完成了几例难度颇大的手术。手术成功后,病人写来感谢信,或登报表扬致谢。这远远地增强了我的信心并给我以鼓舞,督促我在医术上更快地成熟。

"实践出真知",我在 20 世纪 50 年代前后已能独立完成不少国内从来未开展过的手术,如为登上珠穆朗玛峰创纪录的国家登山队队员冻伤而失去的全鼻进行再造,为国家著名京剧、话剧演员进行面部除皱手术,为许多因严重烧伤而导致晚期疤痕挛缩的病人进行恢复面、颈、手部的功能等大小手术,这些手术都获得了成功;而这些手术是只允许成功,容不得失败的。这些手术既要求自己有熟练的技术,更要求有充分的信心和把握。手术成功了,我和我的"病人"同样拥有着喜悦和幸福感。

"文革"结束时,我的年龄已 60 有余,但国家仍然给了我发展的机会,没有要我"退休"。这可说是我生命的第二个春天。1976 年前后,我们应用显微外科技术进行腹腔大网膜移植治疗头皮缺损、颅骨暴露顽症取得成功;又应用小肠游离移植来治疗食管闭锁或狭窄,重建食管获得成功。这都是 20 世纪 60 年代动物实验研究带来的临床硕果,也是当初萌发要扩大整形外科业务范围,由表及里,开拓创新而获得的新进展。与此同时,我们又开展了淋巴管阻塞性肢体淋巴水肿模型的建立和手术治疗,重建淋巴回流通道等实验研究,并获得成功。这一连串的关键性研究和临床成果,使我科连续获得多项国家级、卫生部级和上海市级重大科技成果奖。同时,我又开始在国际学术交流方面开辟一条途径。改革开放后不久,我在 1979 年第一次去印度孟买参加亚洲手外科学术会议,在会上认识了不少国外学者,结下了友谊。1980 年开始接受新加坡、澳大利亚以及英、法、美等国家的邀请,去参加多种国际学术会议。在这些会议上我作了学术性很高很新的学术报告,使各国专家对我国整形外科经过 30 年的封闭后,刮目相看,大开眼界。以后外国友人纷纷来我院参观访问或作学术报告。同时我也推荐我科及校外青年医生、护士去国外学习进修或出国访问、参加会议,迄今先后共达 80 余人次。这是改革开放政策带给我的机遇,也使我科在扎实的学术成就基础上显示出我们的实力和潜力,为祖国赢得了荣誉和发展前景。

学习进步,一切还靠自己

医学是治病救人的神圣职业,但也是带有风险的行业,当外科医师更是如此。在每个外科医师成长的过程中,在当住院医师时期,你也许觉得担子较轻,没有什么太大精神负担,一切由上级医师为你顶着,但一旦你当上了主治医师,情况就完全不同了。这个阶段,你的知识更丰富了,技术日趋成熟,但责任也更重,你的心理负担也更重了。回忆我成长阶段中,我就经历了这个过程。一旦重任在身,当你为一个病人做了一项较大、较复杂或较有创意的手术后,你有时会守在病人床边陪夜观察。有时虽回家休息,但生怕床头的电话会在半夜里响起来,告诉我"病人的情况有变"。三四天过去了,病人渡过了最紧张的阶段,我才能松一口气,但接着又为其他病人做手术了。这样一个接一个,我们长期生活在一个精神紧张的状态。可是,为什么我们还会热爱这门外科专业,乐于做一名外科医师呢?这是因为在我们的手术刀下,存在着一种力量,这种力量可以把病魔赶跑,为病人去除疾患、减少病痛、恢复健康,并给病人带来正常的生活和工作能力,为社会作出贡献。手术刀是神圣的,它不但可以治病救人,也给操作这把刀的医生们带来欢乐、自信和幸福。"明知山有虎,偏向虎山行",外科医生就应该具有这样的勇气和奉献精神。

但是,这座虎山却并非坦途,不但有虎,而且山路崎岖,稍有不慎就会摔跤,不但摔痛或摔伤了自己,更严重的是可能会给病人带来损伤,甚至危及生命。每位年长的外科医师,都有一个自己成长的过程,这个过程虽然各有不同,但大致是相似的。这里我把我的经历和认识过程,总结列举如下,献给青年外科医生,以供参考。

1. 向老师学习,向书本学习

人们的知识积累,总有一个不断积累的过程,医学知识的积累,同样是一个积累过程。来源大致有两个方面:一个是你的老师,另一个是读书。我指的老师不但是在读书时代,而且更是在毕业后漫长的行医过程中你的上级医师、你的科主任、甚至你的同级医师,都可以成为你的老师,你的学习榜样。在学习过程中,态度应该谦虚,骄傲自满是进步最大的敌人。回忆我的青年时代,我曾得到名师的指点教导(当年北京协和医院的几位外科教授们),我从他们那里学到不少知识和技术,特别是为医做人之道,受益匪浅!青年外科医师切忌骄傲自满,我们有少数医师受不得批评,其实指出缺点是老师对你的爱护,也有些人一旦作出了一些成绩就骄傲自满、自我陶醉,这样会阻碍他的进步。

学习的另一途径是从书本上学习。古人云:"学而不知足",书海浩瀚,你必须有目的地从中选择有关你的专业方面进行泛读和精读,择其要者,进行札记,以便以后翻阅。迄今我还保留着几本当年在美国进修时期的阅读笔记和手术记录。

谈到现在,有一点十分重要。这就是至少要掌握外语阅读能力,你就得到了一把开启新知识、新技术宝库的钥匙。单单依靠目前的中文图书刊物是远远不够的。掌握英语(以及其他外语)不但要能阅读,而且还要做到能听、能讲,这样你就可以和外国同行,专家教授作直接交流,学习以及获得更多、更新、更广泛、更深入的知识和技术,从中得到启发和提高。对外直接用外语交流,更是一个结识友人、加深友谊的过程,这对青年外科医师来说是更是特别重要的。这样,你就不会在国内或出国参加国际会议中,成为哑巴或聋子,更失去了结识朋友、拜见老师的机会。很可惜,在这一点上,我国目前还有较多已获博士学位的青年医师还不能做到"四会"。

2. 触类旁通,开拓新路

医学的发展是随着时代的前进而发展的。20世纪后叶,科技发展突飞猛进,它也促进了外科领域的革新和提高,许多科技发明帮助外科医生提高疾病的诊断能力,革新了传统手术技术,缩短了手术时间,提高了治疗效果,给病人和家庭造福。青年外科医师凭着年轻人心灵手巧、反应敏捷等特点,应该更快地吸收科技发展的新成果,充实自己的发展过程。我看到一本外科参考书,在它的扉页上有一张图画:半个人脑,一只眼睛,一只手,手中握着一把手术刀,这幅图片启示了我们外科医师必须先用眼睛观察,大脑思索,然后通过灵巧的双手,挥动手术刀,为病人做手术,去除病痛,恢复健康。从老师那里学到书本上的知识毕竟有限,而你脑中蕴藏的、有待开发的创造源泉却是无止境的。如果每个手术,每次治疗,都是照着老框框办,依样画葫芦,你就会止步不前,只能成为一个平庸无为的外科医师。我在1964年利用电热红外线发明了烘绑治疗仪,治疗慢性淋巴水肿,是受了中医应用砖块砌炉烘疗的方法启发改进而成的。几年后,微波开始应用于医学领域,我就把它改制为微波烘疗机,这样就缩短了疗程,提高了疗效。这种治疗方法最后得到了国际淋巴学会的承认,被评为治疗肢体淋巴水肿最有效的保守疗法之一。40余年来一直在为广大病人有效地治疗,发挥作用。但让我们想想,如果老是依靠老方法机械式的来进行手术,治疗象皮腿。而不是在另一方面进行探索改进,我们就会在原地踏步,永难前进。

3. 临床和科研的结合

外科学是一门临床学科,治疗对象是广大病人,经验的累积是从大量病例中获得的。但这仅仅是促进它获得进步和提高的一个方面,如果始终依靠临床的积累,它的进展会十分有限。要得到更快更新的理论和手术创新,还得从科研和动物实验中寻求出路。故此医研结合是促进医学进步的最佳途径。科研的创意是来自多方面的,有的来自知识的积累,有的来自相关甚至不相关专业新技术的渗透、交织,甚至是一刹那的闪光点、一种创新意识(imagination)。但这些创意也同样是一个渐进和厚积薄发的结果。有时抓住亮点,深入思索、探求构建研究方案,进行实验性论证,往往就可能有所发现和发明。记得我在20世纪60年代初期,经常在探索如何能把带蒂皮瓣组织改进成吻合血管的皮瓣游离移植(血管口径为1~1.5mm),最后我们在动物体上进行国内首创性实验获得成功。这时美国也刚在做这类实验。到70年代初期,整形外科医师和骨科医师先后应用这种显微外科新技术于临床获得成功,为皮瓣、骨骼、肌肉等各组织的游离移植开辟了新途径。以后这种新技术又先后被其他专业,如神经外科、口腔颌面外科、泌尿科、妇科、五官科等所采用。显微外科技术的萌芽、开花、结果是世界外科医学界中20世纪最后30年中的一项巨大革新。我们科室首创性地应用这种技术,获得了多项国家级、部级奖励,并在国际上获得很高荣誉,为促进整个外科医学发展作出了重大贡献。这是科研和临床密切结合的一个历史性成功范例。

4. 创新源头、在于紧跟时代发展脉搏

在青年外科医师不断成长过程中,应该时刻具有不断创新和开拓意识。要做到这点,必须不断更新和拓展自己的知识范围及其深度。搞学问来不得半点虚假,必须自觉勤奋,埋首钻研,不但要掌握自己的专业新知识新技术,还应随时了解相关专业的新发展,甚至不太相关的科学进展。因此报纸杂志、电视广告都可以成为信息来源,然后予以分析、吸收、淘汰,充分发挥联想互通的思维性开拓。我首创的一期手术再造阴茎手术,就是在沈阳参加一个显微外科学术会议,在回上海的火车旅途上,基于阴茎解剖生理特点的基础,应用显微外科技术,一夜之间进行巧妙构思而设计出来的手术方

我这一辈子 MEDICINE

案。现在这个手术已被国际上命名为"张氏一期阴茎再造术"。

5. 培养收集资料，进行总结，精于写作和讲解的能力

在每一个青年外科医师的成长过程中，要不断积累许多临床经验和知识，逐渐形成每人的一套思维模式，然后才能产生开拓性成果。但如果不随时把这些新知识、新技术的资料收集起来，往往会随着时间流逝或遗忘。要知道每项新手术、新技术都必须是在大量的统计分析基础上获得的。创新开拓，形成自我原则的依据贵在他人能够重复。而新知识的被人认可有赖于写文章或登台讲解，传播于广大同行。故此，培养和养成自己如何累积资料，进行分析，总结经验，写出有说服力的论文或登上讲台，进行口头传播也是每一个青年(特别是中年)外科医师所要具备的才干。我曾见到有几位极有才华的外科专家教授，技术经验堪称一流，可惜在他们去世前却始终没有能够留下珍贵的经验和著作传之后人！对此我感到十分惋惜。故此，我奉劝每位年轻的外科医师应从现在开始，把自己培养成一位能学、能做、能写、能讲的"四能"医师。

6. 敢担风险，勇于克服困难，不断创新

在外科医师日常诊疗工作中，有时会碰到一些疑难症病人，医生要依靠自己的知识和经验进行正确的诊断和手术治疗，及时解除病人痛苦，使他们及早恢复健康。但这个顺向规律并非绝对，它的干扰面很广，诸如个人的知识经验、技术熟练程度、设备条件等。还有更重要的一点，就是医生本人是否对病人怀有赤子之心，是否有全心全意为病人服务的献身精神，以及勇于克服困难、敢担风险的无私胸怀。因为某些疑难重症病人往往存在着"可治"和"不可治"两种可能性；如果不敢正视困难，敢担风险，原来"可治"之为也就成为"不治"之症。对于这点，我是深有体会的，希望青年外科医师能够逐渐培养自己勇担风险，以脱颖而出。

人生道路上几座里程碑

在我过去90年的生活旅程上，特别是在60岁以后的几个"台阶"上，我曾先后闯过了几个关隘，克服了困难，迎接我的下一次机遇。让我国整形外

科专业水平登上了一个高峰,站上了国际同行的平台。下面记述了几件我在整形外科领域中所做的第一例国内或世界首创性的手术过程,它们融合了我个人的一些创造性成就和开拓创新、敢挑重担的精神,其意义不只局限在手术本身,它标志着医学领域有关学科的进展和突破,甚至预示着某个新学科、新专业的开端。

1. 成功援治大面积烧伤病人

事情发生在 1958 年一个炎热的午后,当时正值"大跃进"和全国大炼钢铁。上海某钢铁厂炼钢车间发生了钢水外溢事故,把一名工人师傅烧得遍体焦黑,面目全非。伤者立即被送到广慈医院(现上海瑞金医院)外科急诊室。值班医生测算烧伤面积达 90%,其中Ⅲ度烧伤占 23%,属于非常严重的烧伤。据当时的国外文献记载,烧伤总面积超过 50% 的病人从来没有被救活过。医院组织有关专家组成抢救小组,投入全力抢救;号召全院同志献计献策,献血献皮。通过抗休克、抗感染和植皮三个关键阶段,战胜了多次铜绿脓单胞菌败血症的危险侵袭。我也有幸作为其中一名成员加入抢救小组,连续 3 个多月夜以继日地奋战拼搏,付出了许多汗水和辛勤劳动,终于把伤者从死神手中夺了回来,开创了中外烧伤治疗史上的新纪录。伤者的治疗尚未结束,各地因大炼钢铁而烧伤的病人纷纷向上海求援。我们这个烧伤病区分成几个抢救小组,在 1958 ~ 1959 年中,分赴大江南北,深入矿区,传经送宝,协助抢救,获得了更多珍贵经验,救治了面积更大更多的烧伤病人。从此我国烧伤治疗水平乍时登上国际最高水平,得到国际上同行的承认和赞扬。在此以后,全国各地的大量晚期烧伤疤痕挛缩以及各种烧伤畸形病人,纷至沓来,到上海瑞金医院整形外科诊治,以恢复功能和外貌。这些病例的整复治疗促进了整形外科的发展和提高,为我国整形外科专业的建立打下了坚实基础。

2. 巧摘"巨瘤"

1969 年秋,河南省遭受特大洪涝灾害,全国各界救灾支援。一支来自上海的医疗队来到郾城县某村,偶然发现了一名背臀部长了一个巨大肿瘤的农妇,奄奄一息、卧床不起。这位 29 岁的青年妇女,自幼背部长有一块黑色包块,近10年来逐年增大,结婚生育后发展更快,已从背部长到臀部,两侧向前方伸展,犹如两条巨蛇缠绕到前腹部。近两年来肿瘤部分破溃,出血流脓,恶臭难闻,病人整天俯卧在床上,不能动弹;加上营养不良,全身衰弱,当地医生无法治疗,家人已为她准备棺木寿衣,随时送葬。当医疗队发现她后,认为病人情况虽属严重,但并非癌症,如去上海第九医院诊治,也许还有一线生存希望。在各方协助下,病人终于来到了上海第九人民医院。我检查了病人,认为是患了巨大的良性神经纤维瘤,依据我们过去的经验和医院现有的条件,还是有可能把肿瘤切除的,最后决定将她收入病房。当时正是"文革"期间,工宣队主持医院工作,对我们知识分子,特别是我这名刚被宣布"解放"的老知识分子来说,这样做确实是冒着巨大的政治风险。

病人住院后进行了详细体格检查:肝功能不正常、严重贫血、低蛋白血症、营养不良、低热、局部肿瘤溃烂化脓。一时没有条件接受手术,必须先进行调理治疗。随即给予了补液、输血、高蛋白饮食、抗生素注射等积极措施。这样经过1个月的调整,全身情况有极大好转,病人可以起坐,面色红润,体重增加,各项检验指标渐趋正常。我们就开始各项术前准备。当时有四个问题待研究解决:第一是神经纤维瘤血供丰富、手术中出血很多,应有足够输血准备;第二是瘤体太大,非常沉重,手术中一不小心,连病人也可能从手术台上翻滚下来;第三是肿瘤切除后,背臀部创面很大,需要植皮,但病人骨瘦如柴,无处可以供应植皮片;第四是病人体质很差,手术危险性很大,手术时间也会很长,有可能随时出现危及生命的变化,风险很大。全科同志凭着做医生的崇高责任感,认真讨论研究,针对上述四个问题,制定了手术方案:①准备足够的输血量(15000mL),相当2~3倍正常人的总血量;②在手术台上方设计一个滑轮,把肿瘤吊起,可起到固定和减少出血,防止滑脱的作用;③由于是良性肿瘤,可以大胆创新地把肿瘤表面的皮肤切割下来作为植皮来源;④充分做好各项术前、术中准备,防止和及时处理可能发生的意外,力求万无一失,力克风险。

经过连续8小时的努力,手术终于顺利结束,术中给病人输血10000mL,在瘤体上采皮和植皮1600cm²。术后植皮全部成活,创口全部愈合。经过一个多月的休养,这位来自灾区的病人终于治愈出院回家。1年后,又育一子。这是我国第一次(在国外也未见同类报道)切除重达32.5kg(未计已流失的血液）巨瘤的故事。

3. "卷简技术"造阴茎，显微外科创新篇

1985 年冬，在沈阳到上海的列车上，我和上海长征医院的高学书教授在聊天，我们刚在沈阳参加了一个前臂皮瓣移植的学术讨论会。会上沈阳的杨果凡医生报告他利用两个前臂上的皮瓣并合成预制的阴茎，一个作为尿道，另一个作为阴茎体部，手术得到成功。我从中得到了很大启发，但认为要牺牲病人左右两只前臂皮瓣组织，未免损失太大，并且新造阴茎过于粗大，外形不佳，手术较复杂。经过彻夜思考，我终于得出一个新的手术方案，只利用病人一侧的前臂组织，分成大小两部分，小的反卷形成尿道，大的则卷拢包绕尿道缝成阴茎体部。此外，还在中间插植一条病人自己的肋软骨。最后把这只预制成的阴茎通过在手术显微镜下吻合动静脉，移植到病人缺损的阴茎根部，就可以一次完成阴茎再造手术。在列车上我把这个手术方案和高教授谈了，他予以肯定，也提出了一些建议。

1982 年 3 月，一名 26 岁的工人到医院找我。他在一次工伤中阴茎被机器撕断，幸两个睾丸未受损伤，要求再造阴茎。住院后不久，我在征得病人同意后，采用新设计的手术方案一次性地为他再造了阴茎。手术完全按照原设计获得成功，成为世界上第一例一期再造阴茎手术。在过去进行阴茎再造手术时，都是在病人下腹部或大腿根部预先做好两条皮管，需经过3～5 次手术，形成尿道和阴茎体和移植软骨，逐渐移植到阴茎根部，整个手术至少历程半年或 1 年以上。这对病人来说，是一个很大的精神和经济负担。我们的一期手术新法成功消息传开，轰动了全世界，各国报刊纷纷进行了新闻报道。在国际学术界也引起重视和赞誉，称之为"中国卷简技术"或"张氏阴茎再造术"。迄今我院共完成了 150 余例这种手术，其中有 3 名病员来自国外。更可喜的是，在我们 1989 年随访一组 26 名病例中，手术后的病人不但排尿通畅，外形很好，而且夫妻性生活满意。其中有 7 位病员已生育。1981 年以后，我先后在不少国际会议上作学术报告，得到高度评价和欢迎，并在专业刊物上发表，并在几本国外编著的著作上撰写了专题文章。

我这一辈子 MEDICINE

4. 肠段搬家代食管

1968 年,常州某厂车间主任在"文革"中受到冲击,愤而喝了一杯浓盐酸,经抢救后,虽无生命危险,但已把食管上段黏膜烧坏了,造成瘢痕挛缩,食管狭窄,不能经口腔、咽腔进食,连喝水也有困难。1969 年,在他院做了空肠代食管手术,结果失败。1970 年进行了半侧结肠代食管手术,又失败了。1973 年,做了第三次胸部皮肤重建食管手术,又遭失败。连续三次手术失败,使病人心灰意冷,几乎失去生活勇气。1977 年秋,来到我院求治。这时正值我们开展各项显微外科手术。我翻阅文献,国外有位苏联医生在 1959 年曾把病人一段小肠(空肠)通过血管吻合移植治疗颈段食管狭窄,重建食管成功,但此法后来并没有得到重视和推广。我们反复研究病人的病情,他已做过多种修补手术,且都以失败告终。目前唯一的治疗方法也只有尝试这个肠段游离移植方法了。病人目前的进食口是在胸骨前偏右的皮肤上,与咽喉部约有 20 厘米的距离。如果采取一段小肠来移植到他的颈胸部位,一端和喉咙部吻接,另一端埋植在胸前造瘘口皮下,再把小肠的血管通过显微外科技术和颈部小血管吻合,就可以重建食管,恢复病人的吞咽功能。病人接受了我们这个手术方案。我们按照事先周密设计的手术步骤,终于把一段长 20 厘米的小肠移植到病人的颈部和上胸部皮下。小肠的上端和咽腔残口做缝合,下口则放置在胸前造瘘口附近的皮肤下。手术后,移植的小肠成活良好,可以在颈部皮下见到肠蠕动波。第一次手术后 6 周进行第二次手术,将肠腔下口和胸前造瘘口作吻接手术。第九天进食略有咳呛,以后不断改善,术后 9 周完全恢复正常饮食后治愈出院。这就是我国第一例应用显微外科技术进行肠段移植再造食管的治疗经过。

5. 改头换面换新颜

1971 年冬,在风雪弥漫的北国边城佳木斯,一对夫妇生下了一个面容丑陋的女婴,她的眼睛像金鱼一样长在两侧近耳朵部位,鼻子一分为二。爸爸妈妈见此情景,相对无言,泪珠滚滚,也吓坏了左邻右舍。几周后,他们决心丢弃这个患有先天性严重颅面畸形的婴儿,谁料好心人却把她捡了回来,送回了家。这样反复几次,年轻夫妇终于决心不再放弃孩子,要把她抚养长大,再设法寻医。1977 年 10 月,孩子 6 岁了,终于千里迢迢被带到我院诊治。

经过初步检查后,我认为小姑娘患的是先天性眶距增宽症。这种病症我过去曾见到几例,但都没有这么严重,故只为他们做了一些小修小补的手术,畸形改善不太显著。小金凤的情况特别严重,两眼内角相距竟有6.5cm之多。我查阅了当时极为稀少的文献资料,读到世界颅面外科创始人法国的 P. Tessier 在 1974 年发表的一篇治疗此症的创造性论文。他提出要通过打开颅骨,暴露大脑前叶和前颅窝,并凿开两个眼眶骨架,把鼻中央过多的骨质去除,再把两边的眼眶连同眼球向中间靠拢,结扎固定以缩短眶距,恢复正常面貌。这可是一种既复杂困难,又有极大风险的新概念的外科手术,当时只有 P. Tessier 完成,尚未在世界范围推广。对小姑娘来说,除了采用这个手术方案外,别无选择。出于对病儿的爱护和作为医生的神圣责任感,我决心为她施行中国第一例眶距增宽症矫治手术。但是在"文革"刚刚结束的年代,我们的条件和环境相当困难,冒政治风险不谈,既没有经验,又没有现代化的手术器械。

在讨论手术方案中,我决定先到上海第二医科大学解剖室,在小儿尸体上进行模拟手术,以熟悉手术操作步骤。没有现代化的手术器械,我就用小锤和骨凿来代替电钻和电锯。此外,对手术中及手术后可能发生的特殊情况,与神经外科、麻醉科等专家会诊研究,制订各项应变措施,做到有备无患,万无一失!

1977 年 6 月的一天,我满怀信心走上手术台,在有关学科专家、护士的密切配合下,经过 10 个小时的"奋战",把小姑娘的眶距从 6.5cm 缩小到 3.5cm,与正常小孩差不多。手术中出现了几次险情,如颅内压增高、眼球突出、血压下降等,最终都被一一克服了。术后恢复也很顺利,1 个月后小姑娘愉快地随父母亲出院回故乡了。

小姑娘的第一例手术为我国创建这门高难度的新医学专业带来了契机。从这个第一例开始,九院迄今已完成近 500 余例颅面外科手术,建立了一个多学科联合的颅面外科中心,1982 年与法、美、澳大利亚等颅面外科中心建立了学术交流关系。1994 年这项成果获得上海市重大科技成果一等奖,2000 年 10 月曾在上海举行了第三届亚太颅面外科学术会议,我担任了大会主席和组织者。2000 年出版了我国第一部《颅面外科学》专著。

6. 头皮撕脱长秀发

姑娘们爱留长发,或留着两条长辫子,显得美丽飘逸。但如果女工们拖着长辫进入工厂,一不留神,头发被飞快转动的机器卷了进去,就会酿成大祸,发生头皮撕脱伤;有时连眉毛、耳朵都可能被撕掉。头皮撕脱后,过去医生们只能在暴露的颅骨膜上进行皮肤移植,创口愈合后,伤者成了光头,一辈子要戴假发,令人遗恨终身。在 1976 年,澳大利亚 Miller 医生进行头皮再植手术首获成功,这在全世界是第一例。在以后很长一段时间里,我们没有这类伤员,也就没有机会做这项手术。直到 1990 年,一位头皮刚被撕脱的姑娘来到我院,我的一位博士青年医师曹谊林等立刻为她进行头皮再植手术。这种手术十分精细,要求很高,头皮的小血管很细小,只有 0.5mm 左右的口径,也很脆嫩,加上经暴力撕拉断裂,有时找都找不到。手术常常要分两三组进行,一组剃头发,清洗头皮;另一组在头颅创口四周皮下找出残留的动静脉,准备吻接。至少要准备好 2~3 组吻合的动脉和静脉,如中间有缺损,长度不够,还要从其他部位采取静脉移植。与此同时,伤者受伤失血很多,常常可能发生休克,故先得进入抢救措施,给予输血等治疗。经过 6 小时的手术,伤者头皮重新有血液流通,我国首例头皮再植终于成功了。手术后没有任何感染等病发症。2 周后可以见到头发开始再生长。出院时,已有浓密的短发覆盖了。1 年后又长出了满头秀发,病人还寄来了一张极为珍贵的照片。

到 2002 年为止,我院先后收治了近 30 名头皮撕脱伤的病人,进行了头皮再植手术,仅有 2 例因撕裂创伤过大,手术失败。这是世界上最大的一组头皮再植成功案例。

7. 祖国医学辟蹊径,烘绑妙治"大脚风"

象皮腿,俗称大脚疯,由于染上了丝虫病而引起。丝虫病由蚊子传播,如今这种流行病经过国家投入大量人力、财力进行防治,已基本消灭,但遗留下来的晚期象皮腿病人仍有几百万人之多。加上由于其他疾病,如乳腺癌根治手术后发生的上肢象皮肿病人,数量就更多。其他还有不少先天性

感悟医学家
MEDICINE

肢体淋巴系统发育不全而患四肢淋巴水肿的儿童及成人。患上这种疾病的人，虽不致危及生命，但粗大的肢体，行动不便，影响生活和工作，有时还常发高烧、流火反复发作，痛苦不堪。象皮肿发病起源于人体血液循环系统以外的另一体液循环系统发生了循环障碍，而发生的病理情况。由于淋巴系统疾病的复杂性和特殊性，许多病理机制尚不太清楚，故此在治疗上至今仍存在困难。国际医学界早已建立了国际淋巴学会来从事人体淋巴系统疾病的理论和治疗研究。

过去，大都采用希腊医生 Kondolean（1912 年）发明的用外科手术切除肥厚的皮下组织来治疗象皮腿，但手术后很易复发，或变得更加严重，现在已经很少采用了。20 世纪 80 年代，国内外开始应用显微外科技术，试图把阻塞的淋巴管和静脉吻接起来，手术效果很好，肢体可缩小不少。但这仅适用于异常粗大的病例，较轻的病例并不适合。

1964 年，我从中医砖块造炉，烧木加热，以余热烘烧烤象皮腿的传统治疗方法中得到启发，创制了一只电热烘箱，治疗几个病人后效果良好，腿部松软瘦小了，流火也不再发作了，这样先后共治疗了 1000 多例。1985 年开始我又改进应用了微波来代替电热炉，以缩短每天治疗时间，病人也不觉得烘得太热，效果又有提高。到 1996 年为止，先后治疗了 1000 多例。两者共计 3000 余例病人，有效率达 96%，优良率为 68%，成为一种很好的保守治疗方法。

微波烘疗象皮腿的发明，虽然不是一种新的外科手术，但却是世界上治疗肢体淋巴水肿的有效治疗法之一，在国内外得到推广应用。一位来自印度的理疗科女医生于 1986 年来我院学习参观。她回国后自制了一只烘疗器。印度是一个象皮腿病流行很广的国家，故此她的病人愈治愈多，获利巨大。意大利、波兰、日本等国家的医学专家也纷纷学习本治疗方法，并加以研究。不少外国病人也来上海求治，我们已先后接受了来自英国、美国、印尼、马来西亚、印度等国家病人的治疗，他们都满意而归。我因这个成就被选为国际淋巴学学会第一名中国会员。我召集国内淋巴医学的专家编写了一本《实用淋巴医学》专著也已于 2007 年出版。

8. 心脏造房"设计师"

1996 年 4～5 月间，小吴青成了上海新闻热点人物。9 岁的湖北姑娘吴青生来心脏就长在前胸部皮肤下面,心脏下面还有一大个鼓鼓的肠包(腹壁疝)。她的爸爸妈妈舍不得丢掉她,辛辛苦苦地把她抚养长大。为了不让她的心脏受到碰撞,晚上连睡觉都要轮流值班。上学后,老师不让她上体育课,教室里为她设置单座。吴青爸爸到处寻医问药,9 年来均遭回绝,说没法医治。这个《女孩的心脏长在胸腔外求救》的报道终于被我看到了。反复研究考虑后,我认为这可能是一种先天性胸骨骨裂畸形所造成的心脏移位畸形,也许我们整复外科有办法为她进行治疗。经过几番周折,小吴青在父母的陪同下,终于在 1996 年 3 月 23 日来到上海,住入我院。院领导非常重视这件事,很快组织全院专家会诊。经检查果然不出所料,小吴青患的正是先天性胸骨裂。在胎儿发育过程中,由于胸骨发育不全(只有正常的 1/3 左右),心脏前后没有屏障而被挤出胸腔,在皮肤下跳动。小吴青还算幸运,有些更严重的胸骨裂畸形,还可以使心脏赤裸裸地暴露在体外,连皮肤都没有。另外,她也没有先天性心脏病。据文献记载,全世界仅有 18 例这种畸形病孩,迄今活着的仅有 1 位。大部分病婴在出生后不久就夭折了。

对于这种罕见的畸形,我们也缺乏经验,为她做整复手术,为她的心脏盖一个"新房"保护起来,要冒极大风险。而且当时新闻界已开始把小吴青的故事传开,并正在社会热心人的关心下展开筹集医疗费用的活动。这既给我们带来了压力,又给我们巨大鼓励。九院全体医护人员决心要为小吴青奉献爱心,力争手术成功。我们做好了充分的考虑和准备,设计手术方案,以防止术中出现危险。手术在 1996 年 4 月 3 日清晨开始进行。上海电视台进行全市实况转播。同时上海和全国的记者 40 余人聚集在病房七楼观看有线转播,这种场面在当时上海医务界可能还是第一回呢。

手术按原计划顺利进行,经过 6 个小时的紧张、复杂而有秩序的操作,小吴青外露的心脏终于获得了新的保护屏障,不必再担心任何障碍,不必再担心任何碰撞,可以和其他正常的小朋友那样学习和生活了。她们一家带着全上海人民给予的爱心在 6 月中旬回到湖北家乡,受到当地群众和老师的热烈欢迎。如今 10 多年过去了,小吴青已考入武汉一所大学读书。

9. 视力的挽救

2002 年 5 月的一个上午,整复外科副主任李青峰教授,请我去急诊室会诊一位来自江苏的严重烧伤病人。我一看大吃一惊，我早年曾从事急诊烧伤救治工作，也治疗过数以千计的晚期烧伤病人，但这位烧伤病人却是我所见到过的最严重的病人。三个月前他在家乡骑摩托车被一辆汽车撞上，引起摩托车起火，全身被焚，特别是面部和双手、颈胸和双下肢，在当地抢救治疗渡过了生命难关后，却忽略了对面部创伤、特别是对双眼的保护性处理。他的两只眼睛（俗称眼皮）连皮肤、带肌肉层都被全部烧光，只有两只红红的模模糊糊、淌着脓性分泌物的眼球在转动。病人只有光感，看不见任何东西。

一下子我也被这双眼睛惊呆了，不知如何是好！病人说："医生，你无论如何要救治我的眼睛，没有视力，我情愿去死！"病人的妻子是位初中英语老师，跟着说："他如果去死，我就跟他一起死！"我被他俩感动了，我第一次在没有想好治疗方案前就决定收治这位病人。

思考了一夜，次日清晨查房时，我提出了一个治疗方案：第一步先把双眼眼球应用黏膜转移覆盖，外加游离植皮。以封闭和保护这两个眼球的手术方案，大家都表示赞同。其实，我对这个方案治疗结果也没有 100% 的把握，只能说"尽力而为之"。

这个手术由我亲自主刀。86 岁高龄重返手术台主刀，应说非常少见。但我心不慌，手不颤，得心应手。在小李医师的配合下，很快便把病人的双眼给覆盖闭合上了。

术后，手术部位用绷带包掩着，病人情况很好，精神很振奋。第三天打开创口，分泌物不多，未见任何感染现象，我心里的石头落了一半。到了术后第十天，把纱布揭下，顺利地拆除植皮缝线，植皮区全部成活。我拿小电筒在他眼睛部位闪亮着，他说右眼光线亮了，比手术前明亮多了，左眼差一些。大家听了顿时都很兴奋，特别是病人和他的家属，第一次看见他们笑了，我自己也笑了！但病人还是笑得不够舒畅，因为他的嘴巴四周还都被烧伤瘢痕拉住，连嘴巴也张不开！

总之，有救了。不久，我要他回家休养几个月，然后再来把封闭的双眼打开，按照预期目标让他重建光明。他半年后又来九院继续治疗，安排下一次手术。我在病人的右眼上做了一个特别低的横切口，切口不太宽，大约一厘米。我想既然病人的眼轮匝肌都不存在了，要主动闭合眼睛是不可能的，他只要有个间隙,让瞳孔露出来可以看见外面的世界就够了。

右眼终于打开了,眼珠裸露出来。病人眼前瞬间一亮,嫌手术灯的光线太刺眼!我请护士关上手术灯,在手术室的淡淡灯光下,问他看见了什么,他说:"我看见你了,张教授!"手术室中一片欢呼!大家为他庆贺,我要他把眼球往上顶方向看,那只右眼球转向上方,此时瞳孔正好被覆盖的皮瓣掩护,什么都看不见。这证明眼睛的角膜部分被有效地保护好了,不致因暴露在外而患暴露性角膜炎,再次造成失明。经检查,右眼角膜大部分透明,只在正下方有些小片白色云翳。

这次手术恢复得很顺利,在手术后一周他就能清晰地看见一直给他治疗而只闻其声、未见其人的医师护士们的真面貌了。他紧紧地握住我的手说:"谢谢你,我终于见到你了,太好了!"后来检查视力,达到0.3~0.4。不久回家休养,视力也越来越好,可以看电视,可以读报纸的较大标题!

九院后来又为他做了几次手术,如颈部、口周瘢痕挛缩松解术,右手瘢痕松解术,前左臂分叉手术,以及左眼植皮分开术等。很可惜,当打开他的左眼时,却发现左眼角膜全部发白,一点儿也没有透明区域,故未能复明,只有光感。

病人需要进一步做些改善性手术,如鼻子再造等。但他都已不在乎了,我们挽救了他的视力,帮他恢复了自信和工作能力。他把过去经营的企业重新复业,在一年多时间里,又恢复了兴旺景象。他的日子过得舒心坦然,已不想再来上海做其他手术了。

结 语

如今我站在这第十个"台阶(decades)"上,回首当年,我父亲希望我去银行做职员或去邮局当个差使,谁料最后成了个外科医生,特别是一个被别人们视为美容味道浓重、少为人们熟悉的整形外科医生。拿了一辈子的手术刀,在手术刀上献功夫,成了名,还当上了院士,这岂是我当年20多岁刚走出学校大门时所能预料得到的? 回首走过来的道路,旧径依稀,物是人非,多少辛勤,几份欢乐。我为我国整形外科专业做出终身贡献,总结起来,主要有下述"诸点"。

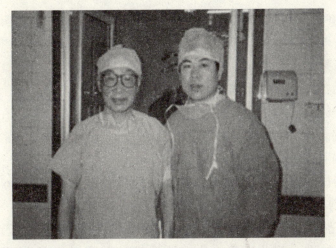

（1）开拓和扩大了世界整形外科业务领域及涉及范围。我科现设有病床170张，拥有各级专业医师50余名。将本专业细分为：①烧伤畸形组；②显微外科组；③颅颌面外科组；④淋巴医学组；⑤美容外科组共五个分组。并建立了上海市整复外科研究所，进行多项基础研究课题。其范围涉及之广，分科之细，病种之多，堪称世界上绝无仅有。曾得到国际整形外科学会主席称赞为"世界整形外科医学史上一本百科全书"。

（2）我这一生中，将我国整形外科这个新专业，从无到有，从小到大，最后建立上海第九人民医院整形外科，誉满世界，受到国际同行重视，我因此先后获得了国际上多项不同业务领域的接纳成为成员之一，列举如下：

①国际整形外科学会会员；

②国际显微外科学会会员，理事会委员，第十届大会主席等（上海1989）；

③美国整形外科学会通讯会员；

④国际颅面外科学会终身荣誉会员（共计4人）；

⑤亚太颅面外科学会，发起人之一，理事会成员，第六届大会主席（上海2004）；

⑥国际美容外科学会会员，第四届国际美容外科学术会议主席（上海2003）；

⑦南美美容外科学会会员；

⑧印度整形美容外科学会会员；

⑨国际淋巴学会会员,第 21 届国际淋巴学术会议名誉主席(上海 2007);

⑩欧洲《整形外科杂志》编委(1985 ~ 1990);

⑪特邀主编,美国整形外科年鉴(1985,1 ~ 2 期)。

(3)发表论文 100 余篇。

(4)主编著作:整形外科学等 18 部。

(5)参编著作:30 余部。

(6)获得国家级,卫生部,上海市各级重大科技成果奖共 26 项。

但在获得成就的同时,我也感到存在不少遗憾、许多不足。不足的是有不少项目虽已开展,但未发展壮大、大有作为。如手部功能理疗,瘢痕中药治疗,烘疗机的进一步改进等。遗憾的是时间走得如此之快,我现在已赶不上现代科技的飞速发展,力不从心。老骥伏枥,志在千里。我会继续尽一己余力,再做冲刺。

如何做医生

顾玉东

顾玉东,1937 年 10 月生,山东章丘人。1961 年毕业于上海第一医学院医疗系。1994 年当选为中国工程院院士。现任国务院学位委员会委员,中华医学会副会长,《中华手外科杂志》总编辑,卫生部手功能重点实验室主任,上海市手外科研究所所长,复旦大学上海医学院、华山医院外科学教授、博士生导师,复旦大学附属华山医院手外科主任。

从事手外科与显微外科工作 40 年。1966 年曾参加世界第一例足趾移植再造拇指的工作,以后在肢体创伤组织(皮肤、肌肉、骨关节)修复及拇、手指再造领域里设计新方法,在臂丛神经损伤的诊治方面也不断有所发现、总结和贡献。在显微外科基础研究(血管内皮细胞愈合机制、血管平滑肌变化规律)方面提出新概念,建立新理论。

在国内外学术期刊上发表论文 250 余篇,出版《臂丛神经损伤与疾病的诊治》、《手的修复与再造》、《四肢创伤显微外科修复》等专著。主编《手外科学》、《手外科手术学》、《临床显微外科学》、《临床技术操作规范－手外科分册》、《残缺肢体的修复重建》等专著。"静脉蒂动脉化腓肠神经移植"获国家发明三等奖(1985 年)、"足趾移植术中血管变异及处理"获国家科技进步二等奖(1987 年)、"臂丛神经损伤诊治"获国家科技进步二等奖(1990 年)、"健侧颈 7 神经移位治疗臂丛根性撕脱"获国家发明二等奖（1993年）、"肢体创面的皮瓣修复"获国家科技进步二等奖（1996年）、"组织移植的基础研究"获国家科技进步二等奖（1998年）、"长段膈神经及颈 7 神经移位治疗臂丛根性撕脱伤"获国家科技进步二等奖（2005年）。

1986 年被命名为国家级有突出贡献专家，1989 年、1995 年被评为全国先进工作者，1996 年获"白求恩奖章"，1999 年获得全国"五一"劳动奖章，2000 年获"全国科技先进工作者"称号，还曾获得"上海市科技精英"、"上海市先进标兵"、"上海市高教精英"及"全国教育系统劳动模范"等称号。

如何营造一个满意、安全、温馨的医疗气氛与环境，这个问题是个敏感而又难以表述全面的问题。它是医患双方的共同愿望，也是医患双方共同的责任，当然更是政府职能部门共同关心、认真处理的大课题。因此，解决好医患关系需要三方面的共同努力，缺少任何一方的支持配合与理解都无济于事。

我是个医生，想着重谈谈医务工作者如何为营造满意、安全、温馨的医疗环境而努力。

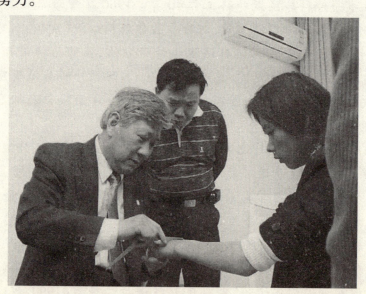

（一）医务工作者要有对病人的同情心和爱心

医疗事业是个与痛苦打交道的事业，病人带着肉体与精神（身心）上的痛苦来到医院，希望医院能解除他这两方面的痛苦。对于痛苦，特别是精神（身心）的痛苦，医务工作者的同情心、爱心是最有效的"解痛"药和兴奋剂。设想当病人处于痛苦之中，一张笑脸、一声安慰、一个关爱的抚摸都会带给病人一份解除病痛的温暖、一份战胜病魔的信心、一份重新生活的力量。给每一位病人以笑脸、安慰和爱抚应是做一个医务工作者最基本的素质。

（二）医务工作者要有对医疗工作的责任心

医疗事业是个风险事业，医务工作者不仅每天与痛苦打交道，而且时时与死亡打交道，医务工作者在医疗工作中的任何疏忽，不仅会使病人增加痛苦，更有可能将病人推向死亡的深渊。从打错针、输错血可以致死到不负责任地开错方、开错刀致死，往往都是一字之错、一秒之错、一念之错发展而成。认真做好每件事，严格地把握每一秒，时时事事心中都想着病人的生死安危，应是做一个医务工作者最重要的素质。

（三）医务工作者要有解决医学事业"难题"的进取心

医疗事业是个充满难题的事业，医学上尚有许许多多未知数，如各类癌症至今尚无有效的根治方法，特别是晚期癌症，医务工作者更是束手无策，"谈癌色变"的局面并未根本解决。又如手外科领域里，臂丛神经根性撕脱伤，使许许多多年轻病人丧失劳动能力，丧失青春的欢乐。虽然我国首创了膈神经移位，多组神经移位及健侧颈 7 神经根移位，使过去认为是"不治之症"的成为"可治之症"，使完全瘫痪的上肢恢复了部分功能，但手的最重要功能——对掌、对指的功能至今尚未解决。没有对掌、对指的手依然是"残疾手"。每个医学学科领域中都有各自的"难题"，都有许许多多仍然使病人沉浸在痛苦中的疾患。解决这些"难题"，使病人从"不治之症"中解脱，从

"难题"中解脱,重新获得生命的欢乐,重新获得生存的价值,认清目标,苦苦追求,不断进取,是每一个医务工作者的奋斗目标。

(四)医务工作者要有对医学事业发展的奉献精神

医务工作者是个无法计较工作时间、工作报酬甘于奉献的事业,因为只要病人在痛苦之中,就需要你每时每刻想到病人,即使是下班回家、休假在外,一旦病人发生意外或变化,条件许可时都要回院进行处理,外科医生在手术台上的时间绝对是按病情需要决定,没有 8 小时的限制,为了彻底切除肿瘤或者再造器官与组织,10 小时、20 小时的手术都是屡见不鲜的。在手术时是这样,在门诊时也应这样,在一切诊疗过程中都应不惜时间、不惜精力,这就是医务工作者备受人们尊敬,称之为"白衣天使"的奉献精神。

(五)结束语

在医疗事业中,医患矛盾的存在是绝对的,也是不可避免的,其中病人的主观要求及期望与医学客观的水平与能力之间的矛盾,病人的迫切紧张心理与医务工作者按部就班诊疗之间的矛盾,病人医疗费用承受能力薄弱与医药费用不断上涨的矛盾,医务工作者责任奉献重大与相应报酬低廉的矛盾,等等。这些矛盾需要政府、医务人员、病人三方共同努力才能合情、合理地解决,作为医务人员一方,同情心或爱心、责任心、进取心及奉献精神则是构建良好医患关系的重要条件。

本文摘自医界名家从医感悟. 中国医院杂志社编. 北京:人民军医出版社出版,2005,123~126

感悟医学家

MEDICINE

论青年医师成才及综合能力的培养

吴咸中

吴咸中,1925 年 8 月出生,辽宁省新民县人。中国工程院院士、天津医科大学外科学教授。1948 年毕业于沈阳医学院。历任天津市立总医院外科住院医师,天津医学院附属医院外科主治医师、外科学副教授,天津市南开医院院长兼外科主任,天津医学院院长。现任国家重点学科中西医结合临床(外科)学科带头人,人事部博士后流动站——中西医结合临床(外科)负责人,天津市中西医结合急腹症研究所所长。1996 年 3 月当选中国工程院院士。中国中西医结合学会名誉会长,中华医学会副会长、天津医学会会长、天津市科协名誉主席、天津市教委及卫生局咨询委员会委员,天津市学位委员会委员,世界卫生组织(WHO)专家咨询团(传统医学)成员,曾任第一、第二、第三届国务院学位委员会学科评议组成员,美国克里夫兰医学中心客座教授及国内 5 所大学的客座教授、顾问或名誉教授等。

吴院士长期从事普通外科及中西医结合的科研、教学及临床实践,是中西医结合治疗急腹症的主要开拓者与学术带头人,创造性地总结出中西医结合治疗急腹症的指导思想、辨证论治原则及基本方法,提出"以法为突破口,抓法求理"的研究思路,使通里攻下、清热解毒、活血化瘀及理气开郁等,对危重急腹症的中西医结合治疗取得重大进展,如对重症胆管炎、重症胰腺炎等的中西医结合治疗,在疗效上有较大提高。吴老在高层次上发展中西医结合,组织各学科协作攻关,取得一批科研成果,曾获全国科学大会、全国卫生科技大会、国家中医药管理局表彰,三次被评为天津市特等劳模,两次被评为市级劳模,获天津市卫生系统"伯乐奖"、中西医结合"创业奖"、天津市"十佳医务工作者",香港柏宁顿孺子牛金球奖优秀奖,获省部级奖16项。主编专著12部,参编专著9部,发表论文100余篇。

培育青年人才,是一个永恒的课题。当一批青年已经成才、成为专业骨干的时候,又有一批青年替补了他们的位置,同样面临着培养与成才的问题。成才靠多方面的关心与支持,其中青年自己和他们的老师(或长辈)担负更大的责任。《论语》上孔子曾批评宰予"朽木不可雕也",《三字经》上又说:"教不严,师之惰。"可见古人已注意了这两个方面。在21世纪头20年,我国社会主义建设处于全面建设小康社会的历史阶段,需要培养大批优秀人才。那么在这样一个充满竞争与挑战的时代,如何看待成才,如何培养更杰出的青年医生,是一个值得认真思考的问题。现就这个问题谈几点看法。

(一)打好基础,认真实践,不断创新

由于社会的需要,人们会有不同的分工、不同的专业岗位,这就对每个青年医生提出了不同的要求。但共同之处在于每个人都应当打好基础,包括必要的文化科学基础、专业技术基础与必备的相关科学的知识等。有了这些基础知识并不断扩展这些知识,才能不断地提高专业水平和解决实际问题的能力。相反,如果基础知识薄弱、相关知识匮乏,那就很难在专业上有所作为。基础是根基,根深叶茂,本固枝荣。关于专业技术人员的知识结构,多数人认为浅平式与狭高形的结构均不合理,应在宽广的基础上,形成扎实的专业知识及能力,并进一步形成创新能力。在医疗队伍中,临床医生总是占多数,很可能有人认为在临床创新很难。其实不然,回顾20世纪后半期我国外科的成就,大量事实表明,临床是一个极好的培养人才的基地,也是一个很好的创新舞台。这些创新医家们走过的道路就是:学习—实践—提高—创新。每位临床大师们走过的道路都是一本生动的教材,很值得大家学习与借鉴。

(二)成才、成功的几个宏观条件

第一,是有知识。我认为知识的内涵是:作为一个专业技术人员,首先应当有先进文化,因为文化是掌握科学技术的一个载体。所以始终要结合学习业务不断提高自己的文化水平。其次就是基础科学知识和专业知识,还须掌握本专业的历史和现状。有一些已有的东西,因为不知道,重复研究,还以为是创新,实际上多少年前就已解决了,也有些问题已经证明是失败的东西,还认为有希望,结果走了弯路。搞课题的时候,专门有文献综述,目的就是通过了解本课题的历史,特别是最近10年、8年的历史和现状的回顾,从中找出应当研究内容、研究方法、预期结果。这一点也应当把它作为知识的内涵,加以掌握。

第二,是有能力。能力的内涵包括:获得新知识与新信息的能力,运用知识解决实际问题的能力,传播知识的能力,开拓创新,发展新知识的能力。

MEDICINE

这些能力实际上都是围绕着知识转,学习知识、运用知识、传播知识、发展知识。如果只会学习知识,或只会传播知识,这只能在原有知识范围内转来转去。当然这种人才,社会还是很需要的,比如小学、中学教师,但让他们去发展新知识是困难的。用学习的知识或不断更新了的知识来传播知识还是非常重要的。

作为医学科技工作者,只学习、传播知识是不够的,还应当具有获得新知识新技术、能够开拓创新发展新知识的能力。任何领域都没有中医、中西医结合领域创新任务重,把古人的治病方法弘扬了、发展了这是创新;把古人的学说经过认真研究,经过临床实践或实验研究能用现代化科学方法加以说明,赋予旧理论以新内容,更是创新,希望寄托在你们这一代上。

第三,是健康。健康的内涵是:身心健康,个人的积极参与。注意健康四大基石:合理膳食、适当运动、戒烟限酒、心理平衡。

关于健康的最经典的定义是世界卫生组织提出的。如"到 2000 年人人都享有医疗卫生保健",健康应当包括身心健康,个人应积极参与,等等。后来,又提出来保健的四大基石。我希望中青年这一代能够注意这四大基石的几个方面,同时也应当把保健四大基石的观念和知识传给下一代。

第四,是机遇。这是外在条件,机遇也有两面性。在一定条件下都可互相转化,要居安思危,福中防祸,才能保持顺利,防止失败。总是一帆风顺很难,一帆风顺对人的成长也不一定是好事,作为一个有清醒头脑的领导人,首先看到的是我们工作的困难,不应满足于眼前取得的一些成绩而沾沾自喜。

(三)形成正确的世界观与价值取向

要站在更高的高度,用长远的眼光,看待人类与自然的关系,处理好人与人之间的关系。儒家讲的世界观,往往是局限的,因为当时社会发展没到一定的程度,还没有形成人与自然相互矛盾的阶段,所以古代讲的世界观有唯物的、也有唯心的,西方哲学讲的世界观也是如此。到现代社会,人类跟自然环境之间形成了一些矛盾,人类自己在生存中与周围环境也容易出现某些矛盾,还有人与人之间、国与国之间、人和社会之间,以至于自己思想的认识也常常出现矛盾。所以我认为形成正确的世界观应当包括四个方面：

第一，处理好人与自然的关系，破坏生态要自食其果。

第二，处理好人与环境的关系，污染环境必然百病丛生。

第三，处理好个人与群体、社会的关系，共同进步，共享成果。进入发达社会，如果人与人之间，个人和社会之间关系处理不好，会出现不应当出现的问题。

最后，处理好索取与奉献之间的关系，没有奉献就难以维持社会的发展与进步。现在在人与自然的关系上，只顾索取不注意培育，所以自然就慢慢不听话了，这就是不尊重客观的结果。在这讲的世界观是大范围的世界观，不是围绕个人生活，是以人为主的人和自然的统一与和谐。

（四）不断地提高人们的素质与思想境界

第一，做一个好人：诚信、正直、仁爱、本分。热爱祖国、维护民族尊严、爱岗敬业及关心他人，等等。

第二，做一个有真才实学的人：能够用自己的知识与能力完成所承担的工作，并有所改进，甚至有所发现、发明与创新。

第三，做一个有奉献的人：奉献是思想和行为的统一，是主观善意和客观效果的统一。奉献是一种真诚地、自愿地对他人、对社会、对国家的责任意识，体现着一种高尚的思想道德境界，完美的行为活动与良好的社会效果。在防治 SARS 时，一些医务人员、护理人员、科技人员的表现是一种无私的奉献，甚至是冒着生命危险，他们不计报酬，报纸、网上报道说他们的行为是给"大医精诚"、"全心全意为人民服务"作了诠释。平常在医疗工作中，属于这种奉献的也不少，全力抢救危重病人，经过曲折的过程，使病人恢复了健康，很多属于奉献。不能因为给了医疗费，为对得起钱，给病人应付应付，而是贯彻了一种非常高尚的思想道德，这种行动取得了很好的社会效果。

奉献有几个层次：

第一层次是基本层次。每人都应当有助人为乐的思想，在医生护士的岗位天天都有助人为乐的机会。

第二层次是爱岗敬业。是不是在岗位工作了,没出大事就算是奉献?不是。爱岗敬业指全身心投入,全心全意为做好岗位工作服务,不计报酬作出突出成绩。一般地完成任务,上班来下班走,当一天和尚撞一天钟,这个形象不是爱岗敬业的形象。

最高层次是无私奉献。如历年的抗洪抢险有很多人作出了无私奉献。洪水灾害中相当一部分采取分洪,一个分洪地区有上万人口,拖家带小的都得迁移,家都不要了,舍小家为大家。报纸、网上总是有舍己救人、因公废私的报道。提倡奉献不是否认按劳分配,按劳分配是每个公民都应当得到的权利,不能说做了工作,拿了工资,作了奉献就不授奖了。

弘扬奉献与提倡法治并不矛盾,前者用道德来规范,后者用法律来规范。比如医院里有一定的组织纪律性,不是大的法律,是用医院的规定、要求来规范。但是如何打破常规,全心全意为人民服务,使病人得到起死回生,超越法律所规范的范围,进入道德高尚的一个新的境界。

(五)学习—实践—思考—提高

1. 运用唯物论的认识论,提高认识水平

同样是学习,如果自觉地运用唯物论、辩证法,学习的效果会更好一些;如果死念书,不去认真进行思考,学习效果比较差。我总结的公式如下:

人们通过学习与实践,在积累许多知识和经验的基础上,经过大脑加工就会把看到的东西、学到的东西、实践过的东西进行整理,把精华凝练,回过头来进行下一轮的实践。这个认识论,是我们年轻时学习《实践论》、《矛盾论》时学到的,现在对学习仍有指导作用。

2. 兼容东西方文化,活跃与完善思维能力

这是非常重要的方法论问题。为什么要兼容东西方文化? 西方文化近200多年进展很快,有很多科学技术,人文方面的成就值得借鉴,中国作为东方文明古国,东方文化有很好的传统,有几位院士及不少专家都在提倡东西方两种文化的交融。

近200年来,现代医学的发展用的是还原论的方法。16~17世纪,解剖学和生理学还没有完全结合在一起。解剖学讲的是解剖形态,生理学对很多器官的功能了解得还不够清楚。19世纪初实验生理学发展起来后,一个器官一个器官地了解,逐步使解剖与生理结合在一起。19世纪80年代细胞病理学的建立,也是通过还原的方法,对人体结构的认识从器官下移到组织、细胞,将基本单元还原到细胞,再从细胞单元推导整体。中医的方法是从宏观与整体着手,在人与自然的关系上,认为是"天人合一",对于人的机体结构,中医认为是一个整体,称之为"人身一小天地"。对于人体的功能,中医按照系统论的方法,将内脏划分为五脏六腑,分别论述了脏腑的功能与彼此的相互关系。中医不是通过还原论的方法认识器官,而是把每个脏腑看成是整体的一个子系统,再通过子系统来认识整体,认识整

简单事物————│还原论方法:整体→基本单元→推导整体│

两种方法结合————│局部与整体、微观与宏观结合│

复杂事物非线性系统————│整体论方法:宏观、整体、系统→认识整个系统│

个系统。这两种方法有各自的优点与不足。来自西方的还原论方法,主要适用于简单的事物或线性系统,当进入复杂事物或非线性系统时,就会遇到许多难以克服的困难。现在虽然已从细胞水平进入到基因水平,但最简单的疾病也往往涉及一大堆基因,如不从整体调整入手,整体的问题也难于解决。因此,最好的方法是两种方法的结合,即局部与整体、微观与宏观相结合。我看过不少文章,在讨论东西方文化交融时,专家们常常把中医作为一个实例,他们认为中医注重宏观与整体固然是好的,但也需要加上微观的方法、还原论的方法。将还原论的方法与整体论的方法结合起来,很可能在医学研究上取得更好的结果,也很可能对医学思想的革新有所帮助。我希望年轻同志在中医研究工作中,注意兼容东西方文化,不断完善自己的思维能力。

3. 从人文文化中汲取有利于科学发展的力量

孔夫子那时候讲礼、乐、射、御、书、数,几门课或者几个方面,不主张念死书。英国哲学家培根说过:历史使人明智,诗歌使人巧慧,数学使人精细,

伦理使人庄重,逻辑使人善辩。作为将来的医学家、科学家,都需要明智、巧慧、精细、庄重、善辩。他提出要学点历史、诗歌、数学、伦理、逻辑。一是用唯物辩证法指导学习,树立起学习实践思考。二是交融东西方的文化能够形成更有利于科学探索的思维方法。三是从周边、从其他的人文领域里学习。有一位核损伤权威专家,学识渊博,所有的核爆炸他都参加了,曾任第三军医大学校长,又是杂家,擅长绘画、摄影、书法等。他能把医学科学和人文学科结合起来。还有一些人有一些业余爱好,从那里得到启发,像石毓澍,爱好足球,能用足球的理念解释问题。

(六)医德、医术与服务艺术

青年医生站在医疗第一线,与病人接触时间最长,所做的具体工作也最多。从某种意义上讲,服务态度、医疗水平及科室形象,大部分通过他们体现出来。因此,培育服务精神,讲究服务艺术,是每个青年医师必须高度重视的职业素质。

吴阶平院士对医德、医术与服务艺术三者的关系,作过深刻的分析。他认为:"取得信任是以高尚的医德和精湛的技术为基础的一种艺术。"为什么如此强调服务艺术呢? 至少有两个理由:其一,医生服务的对象是社会学上的人,是患了病的人。他(她)们对病情的了解,对治疗理解不可能相同,对医务人员的信任程度也不可能相同。因此,必须结合每位病人的具体情况区别对待,充分发挥语言及行为的影响力,使医患之间相互沟通与信任,增强治疗疾病的信心,取得更好的合作。其二,医生的一言一行均可对病人产生影响。在医疗工作中的闲谈嬉笑,病房中的混乱嘈杂以及对其他病人的不礼貌行为,均可产生负面影响。随着告知与承诺(informed consent)的开展,病人及家属的知情权将进一步得到尊重。针对不同对象,如何告知病情,如何承诺服务,将会提出更高的要求。青年医生应当像认真学习新知识和掌握新技术那样,不断提高服务水平及服务艺术,努力实现医德、医术与服务艺术的协调统一。

（七）在学科建设中发挥作用

学科是培养青年医生的摇篮,也是他们的工作岗位。学科的发展与青年医生的成长息息相关。因此,青年医生同样要树立责任意识和主人翁思想。服从学科带头人的指导,坚持本学科的研究方向,遵守本学科制定的常规及诊治规范,维护本学科的良好学风。一丝不苟地完成所承担的工作,写好临床病历及实验记录,以平凡的工作为学科的建设及学术发展添砖加瓦,也为自己留下值得推敲的记录。

压力和勤奋促进才智增长

翁心植

翁心植，中国工程院院士。内科学教授，1919 年 5 月 10 日生，浙江省宁波市人。1945 年毕业于成都华西协和大学获博士学位。北京朝阳医院名誉院长、北京呼吸疾病研究所所长、教授。在普通内科、寄生虫病、心血管病和呼吸系统病诸领域均有创造性贡献。20 世纪 40 年代，发现和诊断了国内首例高雪氏病；50 年代，致力研究吸虫病研究，创建用于诊断黑热病和血吸虫病的简制抗原方法；60 年代，在世界上报道了首例白塞氏病并发心脏瓣膜损害，并提出结核自家免疫是发病的原因之一；70 年代起，在慢性阻塞性肺疾病和肺心病方面进行了大量研究，率先将肝素用于肺心病的治疗，取得良好效果，创建呼吸重症监护室，使我国在这一领域的研究达到国际水平；在国内最早开始控烟运动并取得显著成效，获世界卫生组织金质奖章。发表论文 200 余篇，出版专著 9 部。1999 年获何梁何利基金会科学进步医药奖。1997 年当选为中国工程院院士。

我于 1937 年 6 月底由天津南开中学毕业，考入北平燕京大学医预系，3 年后考入北平协和医学院。那时协和医学院每年分 3 个学期。我读完解剖、组织、生物化学、生理学、病理学、药理学等医学基础课后，因为"珍珠港事件"美日开战，协和医学院被日本侵略军占领。我们上学时进入学校要向日军鞠躬、接受检查，饱受做一个亡国奴的侮辱。这样苟延残喘地过了 4 个月,协和医学院终于被迫停办了。协和医学院的学生被安排到北平大学医学院就读。出于对日本帝国主义的痛恨,我不愿继续在日本侵略者的铁蹄下就读,所以转到上海法租界的圣约翰大学医学院就读,半年后又转到设在上海红十字会医院(现在的华山医院)的上海医学院。1943 年 2 月听说汪伪政府要接管上海医学院,因不甘心敌伪统治就和一位协和医学院的同班好友结伴,越过敌伪占领区商丘,经过界首到达国民党管辖地区,从界首到河南洛阳步行了 8 天,然后历尽艰难,坐铁皮货车、载货汽车总共历时 34 天才到四川成都市。我先借读于中央大学医学院,同年 9 月正式转入华西协和大学医学院,在那里受到美国洛克菲勒基金会的资助读完了医学院全部课程。1944 年 8 月由成都到重庆高滩岩中央医院内科做实习医师。当时因抗战形势严峻,国民党政府征调应届医药学院毕业生到部队医疗单位服务,2年期满后才准发给毕业文凭。因之,我提前于 1944 年 12 月从医学院毕业了。我的 2 年多临床课程的学习经过了 4 个医学院,是在各个学科的学习不尽完全衔接条件下完成的。虽然学习条件变化多,靠着自己的勤奋努力,我还是顺利地完成了学业。

我觉得临床课程的学习只能从临床实践中来验证、深化医学基础理论知识,故不仅不觉得困难,反觉饶有兴趣,这主要是得益于我有一个较好的医学基础理论底子的缘故。此外在燕京大学医预系时,算学、化学、生物学等教师是美国人,他们用英语讲课,锻炼了我的英语听力;在协和医学院全部课程都是用英文讲,课本都是从美国进口的英文书籍,教师还经常分配阅读有关的英文最新期刊写综述。所以英语"四会"方面得到全面锻炼,打下了较好的英语基础,阅读英语专业书籍、期刊毫不费力。北平协和医学院包括 3 年医预课程在内是 8 年制的医学院。8 年中数理化和基础医学课学习共占了近 5 年时间,加上当实习医师 1 年,留下的临床课程学习时间仅占 2年稍多一点。占的时间和目前我国多数的 5 年制医学院安排的临床课程时间来比并不长。这也说明学好基础医学及英语是多么重要。在我们学习临床课程时,上海医学院乐文昭教授主持的临床内科实习中,结合每一病例的实际情况进行教学,精湛生动的病例鉴别诊断分析和对学生的严格要求,时隔近半个世纪至今犹历历在目,给我留下不可磨灭的印象。在重庆中央医院内科当实习医师时,上级医师放手培养我独立工作的能力,从询问病史、书写病例、开医嘱都先由我负责,经住院医师审核提出修改意见后予以执行。这样促使我去翻阅书籍以完成自己的职责,而不像目前许多实习医师过分依靠住院医师而缺少自己作为半个医师的责任感(实习医师具有既是医学生,又是医师的双重身份)。当实习医师或住院医师实际是医学生毕业后继续受教育的阶段,不能强调8小时工作制度(对一个临床医师讲,严格说也不应该限于8小时工作,病人需要时,应做到随叫随到)。在我当实习医师及住院医师时,每天早7时左右就到病房工作,询问夜间病情变化,检查病人,亲自做血、尿、便常规化验,有时为了寻找血片上的疟原虫,粪便中的阿米巴滋养体或骨髓片中的利什曼小体往往花费近一两个小时的时间。但是当我找到这些病原体而证实自己的拟诊时,其快乐的心情是难以描述的。到早晨8时住院医师来上班时,随同巡视病人汇报病情变化和化验检查的情况。在病房工作期内每周还要在门诊随同住院医师先进门诊工作3次,这样增加了临床实践的机会。实习医师的工作每天要到晚上9点或10点钟才能结束,回到宿舍休息。夜间自己负责的病人若有突然变化还要随时被叫起来和住院医师一起处理。工作虽然辛苦但是收获是很大的。当时中央医院的内科主任是应元岳教授,他的谆谆诱导式的教学查房,使我受益匪浅。也正是乐、应两位教授的教导,使我对内科学发生了浓厚的兴趣,从而决心当个内科医生。我深深体会到名师对学生前途有着重大影响。

我在被征调到国民党部队医院服务期间,最后9个月在重庆相国寺陆军医院任内科住院医师。那时日本帝国主义已无条件投降。在受降及复员过程中,原主持该院业务的湘雅医学院教授、医生都逐渐离院回湖南长沙去了。我到该院后,最初张孝骞教授还每周去该院内科病房查房1~2次,我在他老人家教导下也打下一些内科的临床基础。湘雅医学院师生复员后,一些同济医学院的医生来到该院主持业务工作,1946年初开始,王辩明医师来到该院主持内科工作。在住院医生人力薄弱条件下,我得到他的信任,被任命为内科代理住院总医师。当时我的压力很大,我只有多读书,多请教主治医师、主任,来承担起这个力不从心的重担,一直到1946年8月征调期满为止。这使我第一次体会到勇于承担重任加上刻苦努力,才能增长自己的业务能力。1946年9月我又回到了北平,进入北京大学医学院附属医院,担任内科住院医师及助教工作,直到1949年9月终于完成了正规住院医师的培养和训练,开始担任内科讲员工作。在这时期我除了担负医疗工作和带医学生实习外,曾担任住院医师会主席,并经胡传揆院长委任筹建医院的营养部,同时主持了一期药房管理委员会主任,还兼管基础代谢率测定工作。国民党统治的后期物价飞涨,负责决定医院药房向众多私人药商购进药物的价格、数量是一项十分艰难的工作,何况此时我还任内科住院总医师的职务呢! 行政和业务工作繁重,但我还是努力地完成了这项任务。这些额外的委任也培养了我的行政管理能力。北平协和医学院在抗日战争胜利后复校,当时私立中和医院(后改名中央人民医院及北京人民医院即现北京医科大学附属人民医院)的许多医疗骨干转到那里去工作。钟惠澜教授当时是中和医院院长及北京大学医学院内科主任兼任教授,他聘请我去中和医院担任内科主任医师。那时中和医院内科除钟惠澜教授兼任主任外,没有一位高年资受过正规住院医师训练的主治医师或副主任,因而我的业务担子是很重的。除了查房、出门诊、带北医学生实习外,还兼管医院的中心化验室工作,以及协助钟惠澜教授进行黑热病,肺吸虫、血吸虫病等临床和实验室研究。时时都要翻阅有关文献,总结分析实验结果,撰写论文;有时还要加班加点为钟教授出国准备学术报告资料。这些工作对我这个初任主任医师的青年医生来说,不能不说是非常沉重的担子,但也锻炼了自己的能力,并得到了较快的提升机会。1953 年我就升任内科副主任,兼化验室和热带病研究室主任,并在北京医学院内科兼任副教授。在人民医院工作的 8 年中,我作为钟惠澜教授的主要助手,发表了不少寄生虫病的临床研究论文。1955 年我开始担任《中华内科杂志》副总编辑,以后又身兼《临床检验杂志》和《中级医刊》主编,业余时间审稿和做编辑工作,这些都增强了我的综合分析和撰写论文的能力。1957 年 4 月,我随钟惠澜教授从苏联专家手中接管苏联红十字医院(后更名为中苏友谊医院)具体负责内科业务领导工作。那时苏联红十字医院虽然名闻全国,实际上技术力量并不强,既无急诊室,住院病人又大都是慢性病病人。我为适应形势的需要,大刀阔斧地在内科进行改革,设立急诊室,引进住院医师培养制度。虽然在当时极"左"路线的统治下,在多次运动中也曾被扣上"复辟资本主义医疗制度"、"只专不红"的帽子而被批判,但以后事实证明我的做法是正确的。在中苏友谊医院内科工作时期,因内科业务工作繁忙,除了一般医、教、研任务外还承担社会主义

压力和勤奋促进才智增长

国家外宾及市委市政府领导同志的保健任务。为了工作需要我脱离了钟教授的热带病研究室,重点投入心血管疾病的防治研究,写了一些有关风心病、冠心病诊治的论文。在冠心病研究方面为明确男性激素与老年男性冠心病发病的关系,我调查了10余名去睾的老年太监们脂质代谢及冠心病发病情况,提出雄激素缺乏是老年男性冠心病的有关因子。20余年后的今天,我的一位硕士研究生用放射免疫法测定老年健康男性及冠心病病人血清中的雌乙醇及睾酮、血脂及载脂蛋白的浓度证实了我在20世纪60年代研究的推断。

在友谊医院工作期间我从一名白塞氏病大咯血死亡病例中得到启示,认为白塞氏病不仅是我国皮肤科、眼科、口腔科的常见疾病,也可以有许多内科临床表现如发热、静脉炎、动脉炎、心内膜炎、肺梗死、消化道溃疡出血及中枢神经系统受侵的症状。我于1963年在《中华内科杂志》上发表了《白塞氏病的内科表现》一文,引起了广大内科工作者的注意。在长期的观察中又发现部分白塞氏病与结核病自身免疫反应有关。于1979年再次在《中华内科杂志》发表了《再谈白塞氏病的内科表现》一文。我的观点得到许多内科工作者在实践中的证实。1965年9月,我从北京友谊医院调到北京朝阳医院。在这20多年时间内,特别是"文革"时期,也曾遭受不少磨难和冲击,但当我一回到科领导岗位,就和广大内科同道一起,顶着压力进行业务建设。我于1973年起开始进行慢性肺源性心脏病的防治研究,和中国医学科学院阜外医院一起组织了全国性的协作网,由于全国广大肺心病工作者团结协作,一直战斗到现在,在15~16年中取得很大的成绩,肺心病的住院病死率由1973年的

30％左右下降到15％以下,促进了国内呼吸病学的发展。

党的十一届三中全会后,迎来了知识分子的春天,知识和知识分子受到尊重,我的医疗、教学和科研的担子也日益加重。在几十年的医学实践中我深深休会到党的卫生政策中"预防为主"方针的重要性。我所接触的大量冠心病、慢性支气管炎、肺气肿、肺心病和肺癌病人中,许多人有长期吸烟的嗜好,为了减少上述疾病的发展和病死率,戒烟是一个最易办到的最有效办法。自1979年起我被任命为世界卫生组织吸烟与健康专家顾问组成员后,我就积极在国内宣传、组织控制吸烟工作,利用业余时间撰写了许多吸烟危害健康的文章,并呼吁成立全国性控制吸烟领导协调机构和制定必要的控制吸烟法律。1986年8月我担任世界卫生组织吸烟与健康合作中心的主任,1988年又被任命为国际防痨和呼吸病联盟吸烟与健康委员会委员,经常出国参加国际性烟草的会议。我国是世界上生产卷烟量最大,吸烟者最多的国家,吸烟在近400年来已是被社会所接受的习惯及社交的手段,所以控制吸烟虽然是公共卫生问题,实际上又是社会问题,是移风易俗的大事。这是一项难度很大、需要很长的时间、动员广大群众才能获得成效的改造运动。但是为了人民的健康,民族的昌盛,我还是有信心全力以赴地进行这项重要而有意义的工作。

我的医疗、教学和研究任务已经很重,我还参加许多社会活动工作。如担任全国政协,市科协、中华医学会的职务,担任多种医学杂志的编委、主编、总编、顾问,并参加领导医学名词审定及国内控制吸烟工作。这些工作都需要精力和时间,但我已届古稀之年,对各种任务的压力已渐有力不从心之感。衷心期望中青年同道能迅速脱颖而出,挑起我们老一辈医生所负的重任。但现在有不少青、中年医生过分强调8小时工作,或只重视读外文,轻视临床实践,一心想出国深造。上级给予的任务不是勇于接受,努力去完成,而是强调要经济报偿和补休时间,这样无压力的轻松工作不可能增强才智,获得事业上的成就。总结我从进入医学院到从医半个世纪的经历,我认为医学生应重视基础医学理论学习,扎扎实实地打好底子。青年医生要深入临床实践,勇于承受业务上的压力,把压力变动力,勤奋努力去完成任务。这样才能增长自己的才智,才有可能在事业上获得成就,并为祖国的医学事业的发展做出贡献。

压力和勤奋促进才智增长

医务生活经验谈

吴英恺

吴英恺（1910.5～2003.11），中科院院士。辽宁新民县人，满族。1933 年毕业于原辽宁医学院（通称小河沿医大）。1933～1941 年在北京协和医院任外科住院医师、讲师，1941～1943 年在美国圣路易市华盛顿大学进修胸部外科。1943 年秋回国，1944 年任重庆中央医院外科主任。1946～1948 年任天津中央医院外科主任。1948～1956 年任北京协和医学院外科教授及外科学系主任。1956 年任中国人民解放军胸科医院院长兼外科主任，1958 年秋该院转入中国医学科学院阜外医院，并建立了心血管病研究所，任院长、所长，直至 1980 年。1981 年任北京市心肺血管医疗研究中心主任，1984 年任北京安贞医院院长，1987 年退居二线，任北京市心肺血管疾病研究所名誉所长。

1955 年选聘为中国科学院院士（学部委员）。曾任中华医学会外科学会及心血管病学会主任委员，美国外科学会及胸外科学会荣誉会员，美国外科医师学院荣誉院士。中国医学会常务理事，世界卫生组织心血管病专家组成员。是第一、第二、第三届全国人大代表，第五、第六届全国政协委员。1998 年 12 月中国医学科学院授予他中国医学科学的最高奖——"中国医学科学奖"。2001 年中国医学基金会授予他"医德医风奖"。1998 年 6 月成为中国科学院公布的首批资深院士。是中国现代外科学的先驱，中国胸心外科的奠基人之一,在国内率先开展食管癌的切除术、未闭动脉导管结扎术、心包剥离术等。为心血管病的防治工作做出了卓越的贡献。编著《胸部疾病》、《胸部外科》等10余部专著。发表学术论文200余篇。2003年11月13日凌晨4时50分病逝,享年93岁。

我自17岁入医学院,学医行医传医至今已60余年。其中包括医学院学习6年,为做一名起码的医生打下了基础。毕业后又在一所有名的大医院做外科实习医生、研究生和住院医生合计6年。而后两年做了主治医生、助教和讲师,在外科这个专业中成为一名具有独立工作条件并能指导后学的中年外科医生。以后转入胸外科专业,又经两年的进修成为一名胸部外科专科医生并担任了一个医院的外科领导工作。说起来这还算是一帆风顺的第一段航程,前前后后自学医开始至专科专业学成总计16年。

古人讲学有成就要经过十载寒窗,我是深有体会的。在35~65岁的20年间,是我在外科和心胸血管外科发展成熟的黄金时代。几十年的经历使我深深感到一生事业的成败兴衰,一半决定于客观环境,就是机遇,一半决定于主观努力,就是自我奋斗,有时客观条件占主导,有时主观努力起着决定作用。对青年同志来说,一方面要不失时机地借助于良好的环境条件,更重要的是多作主观努力,以达到学成业就,对国家对人民多做贡献,我想就以下几点谈谈个人的经验体会。

（一）要有一颗坚强的事业心

我从医学院毕业后选择了外科学这个专业，以后到了北京协和医院从外科实习大夫开始，经过 6 年的基础训练完成了住院医生的训练。其中困难很多，诸如外文问题、健康问题和严峻的竞争角逐问题等等。1941～1943年到美国进修胸部外科，在第二次世界大战高潮中回到了祖国战时的大后方，担任了重庆中央医院的外科主任，几乎是单枪匹马的开展当时国内还未开展或很少开展的胸心血管外科手术，那时我只不过是个 34 岁的中年人。

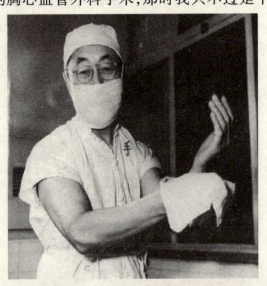

感悟医学家
MEDICINE

在 1944～1966 年的 22 年间，我先后组织领导了五个中心、教学医院的外科工作，胸部外科和心血管外科都得到了应有的发展。什么动力使我有这股勇气和干劲呢？我认为主要是一个坚强的事业心。从学医开始我总想把自己培养锻炼成为一个有本领、有道德、有贡献的医学人才，为国家、为人民的医疗保健事业服务。为了达到这个目的就必须艰苦奋斗，克服困难，抵制图安逸、多弄钱的社会诱惑。几十年如一日，我把自己的精力集中用在学习和专业工作上。当然，在旧中国，个人名利的思想还是很强烈的，新中国建立后在党的教育下，逐步树立了全心全意为人民服务的思想，坚定了走社会主义道路，为了国家荣誉和人民卫生保健的需要而刻苦工作，不断前进。从个人几十年的体会来说，一个医务工作者一定要有热爱国家、热爱人民、热爱社会主义和热爱自己的医学专业的思想,坚定不移、克服困难,不断前进,这种思想和事业心要从学医和行医的早年就要建立起来。

(二)永远牢记人民医生救死扶伤的神圣职责

新中国成立前我认为医院是慈善机构,行医治病是出于仁慈的同情心,另外在大医院工作必须遵守纪律、提高疗效,以保障个人的声誉和地位。新中国成立后,我的认识逐步提高,认识到救死扶伤是人民医生的基本职责,医院和医务人员都是社会主义国家的组成部分,防病治病和提高医学科学水平是我们医务人员的首要任务,我们有做好工作的义务,但没有以医谋私的权利。在医院里,病人的需要就是我们工作的最高要求,我们必须尽力及时地解除病人的痛苦,减少其身体、精神和经济上的负担,更不能以任何方式从病人身上图谋私利,诸如在病人身上练手术或不必要地拖延诊断治疗。总之,我们必须坚持社会主义道路,全心全意为人民服务,坚决抵制一切不正之风,克服个人主义思想,拒绝资产阶级的腐蚀,永远做一个光荣的、完整的社会主义白衣战士,为保证人民健康和提高国家医学科学水平做出贡献。

(三)学术上要精益求精,随时代前进

做医生要有辨病治病的本领,做一个高明的医生更要有高明的本领,本领是来之不易的,需要经过长期的、持续的、不断深化的刻苦钻研和反复实践。本领的来源一靠读书,二靠上级指导帮助,三靠自己的思考、吸收和实践,三者缺一不可。在一定程度上自己的努力是一个主要因素。国内外培养临床医生的主要途径是住院医师制度。如同老中医带徒弟一样,一个青年临床医生需要在上级医师的指导下,经过五六年甚至七八年的临床实践,在门诊、急诊、病房、手术室反复实践、总结经验、逐步提高。另一个重要方面是读书,光凭个人的实践是不够的,青年医生必须养成博览群书、学贯中外的学风,才能理论结合实际,学术上随时代前进。要珍惜每个小时甚至任何可以使用的时间,一有工夫就要进图书馆,浏览新书新报,选择与自己专

业有关的材料加以精读,建立文献卡片,摘录主要内容,存做以后参考。外科医生的手术技术要经过多看、多思、多帮几个步骤达到多会和多做,千万不能急于求成、勉强从事,否则不但可能伤害病人,对自己技术进步也可能发生似是而非和事倍功半的不良后果。在文字基础方面也要下功夫,医务工作者需要写记录、出报告和写文章,有人在文字方面修养锻炼很差、词不达意或是潦草混乱,给工作带来很大不利。现在国际医学交流以英文为主,青年医生要想在学术上不断前进,就得会念、会听、会说和会英文写作,才能直接吸收国际上的新知识和新技术。学习外文以在青年时期最方便,若是等到中年以后,想学也不大容易了。

医学科学技术日新月异,要想自己的学术研究跟得上国内外的发展,医生们必须不断学习,尽可能依靠自己的工作实践和研究有所发现、有所发明、有所创新。医生要随着时代前进,绝不可墨守陈规、故步自封。要前进就得努力学习,就得不断总结经验,就得及时改进自己的认识和工作。

(四)团结协作、培养后学

现代医学需要多学科协同发展、各方面人员通力合作,虽然各有分工,但只靠个人独创单干是难有成就的。在一个医疗单位有医生、护士、诊断检查等方面的协作;在一个科室则有老、中、青各级的协作。协作就要有一个共同目标,如临床工作就要一切为了人民健康;教学科研单位则是一切为了出成果,出人才。中心指导思想就是发扬集体主义精神,克服个人主义思想,要在集体利益和国家利益的大前提之下发挥个人作用,当然也有合理的个人利益。集体协作说来简单,但维护和发扬并不容易,必须统一认识;统一步伐。领导者要做出榜样,各级人员都要自觉为集体任务努力工作,为集体荣誉奋斗,永远要有一种不甘落后的愿望,事事要有先公后私的思考,有成绩时不自满、不居功,有缺点时勇于承担责任,多做自我批评,帮助别人改正错误,绝不可文过饰非,更不能弄虚作假。青年医生要在行医的初期就要养成这种谨慎和实事求是的工作作风。

中老年医生要多考虑培养后学的问题,不单纯是技术方面,还应注意医德和学风方面。主要是身教重于言教,领导者要带头走正路、带头学习、带头实践。要注意在青年中发现出类拔萃的人才,并加以重点培养,帮助他们将来能够超过自己,而不落后于国内外先进水平。人才难得,社会主义建设又需要大量人才,事实证明在人才问题上不能搞平均主义,更不能放任自流。教人者要秉公选拔,受教者要努力争取,这是一个十分重要的任务,老中青医生们绝不可等闲视之。

附:

国之良医　医之楷模
——怀念吴英恺院士逝世五周年

杨志寅

　　11 月 13 日,是个特别的日子,今天是著名医学家吴英恺院士逝世五周年的日子。2003 年 11 月 13 日凌晨 4 时 50 分我国胸心血管外科学、流行病学的奠基人之一,中国科学院院士,北京安贞医院原院长,北京市心肺血管疾病研究所名誉所长吴英恺教授与世长辞。这位 93 岁老人的默默离开犹如秋天的落叶,把最后的光和热献给了他热爱的祖国的大地。他走的很安静,没有惊动任何人,正如他在病逝两年前的遗嘱中所说的:"生老病死,自然规律,我已 91 岁,生命即将到尽头,后事必须从简……倘若发现是不治之症,不必积极治疗,尽量减少痛苦,让我自然归去……不保留骨灰,不化妆,不举行告别仪式,不开追悼会……"吴老的离去如河流静默流向远方,最终汇入大海,永远留在人们的心间。时光荏苒,岁月如梭,而今五年的时间转瞬即逝,在此向德高望重的老先生深深地鞠躬致敬。

　　吴英恺院士一生致力于我国的医学事业,开创了我国的心胸外科事业,亲手创建了三所目前在国内外享有极高声望的心胸外科医院、两个研究所和五个心胸外科。吴英恺教授一生热爱祖国,热爱人民,热爱事业。不畏艰难,光明磊落。七十多年来,他以不倦的勤奋精神,为我国的胸心血管外科、心血管流行病及预防医学大厦,奉献了一块硕大的基石。追忆吴老的雄伟而平凡的一生,对青年医生来说是一笔伟大的精神遗产。吴老位高权重拥有一颗坚强的事业心,年过九旬仍致力于"爱心护心工程",拥有一颗作风正派清正廉洁之心,拥有一颗救死扶伤关爱病人的仁慈之心。

翻看着 1990 年吴老应我之邀为《临床医生成才指南》撰写的《医务生活经验谈》一文,吴老的音容笑貌宛在眼前。给吴老约稿,主要是想请他为医学生的成长提些经验和建议,80 岁的吴老欣然应邀,并很快寄来稿件。至今我还珍藏着吴老的手稿。我与吴老的交往并不很多,老人家谦和,朴实,严谨的科学态度和对事业执着的精神给我留下了深刻的印象。

事业蒸蒸日上——勇者不惧 仁者无敌

吴英恺在事业上一直保持着坚强的毅力,正如吴老说的:"从学医开始我总想把自己锻炼成一个有本领有道德有贡献的医学人才,为国家为人民的医疗保健事业服务。为了达到这个目的就必须艰苦奋斗克服困难抵制图安逸多弄钱的社会诱惑。几十年如一日,我把自己的精力集中用在学习和专业工作上。"纵观吴老的生平,不难发现他有着一颗勇者之心。

1910 年 5 月 8 日,吴英恺出生于辽宁省新民县一个清贫的满族知识分子家庭。由于祖母体弱多病,成为一名能为人解除病痛、受人尊敬的医生成了吴英恺很早就拥有的梦想。

1927 年吴英恺考入沈阳(时称奉天)原辽宁医学院(曾名奉天医科专门学校,盛京医科大学,通称小河沿医大)。1933 年到北京协和医院做实习大夫。吴老回忆那段岁月时说:"我在医学院毕业后开始学外科,在北京协和医院做了一年实习医生、一年研究生、两年助理住院医生、一年总住院医生,而后做了两年普外科主治医生,1941～1943 年到国外进修胸部外科,前后整整 10 年。回顾那 10 年的工作和学习经历,确实十分紧张和艰苦,除了有一年因肺结核住疗养院,平时工作和学习的时间平均每天都在 12 小时以上。做实习医生负责 20 名左右住院病人的基础医疗工作,做助理住院医生管理三四十名住院病人,每天既要早晚两次巡诊,还要有事随叫随到,此外每周上午参加手术三四次,下午要去门诊,并且还要挤出时间去图书馆查阅文献和期刊。此后的两年主治医师和两年国外进修，但医疗、教学、阅读、写论文等一点儿都不能放松。这10年连续埋头苦干，把我锻炼成为一名具有独立工作能力的外科专业人员。"正是由于吴老的勤学苦练，才能博采众家之长，在他30岁那年，就成功地完成了我国第一例食管癌切除及胸内食管—胃吻合术，翻开了我国食管癌外科崭新的一页。

1943年，正值抗日战争艰难时期，吴英恺完成了在美国圣路易市华盛顿大学胸部外科的进修学习，毅然放弃了在美国留任深造的优越条件，冒着生命危险，怀抱着一颗炙热的爱国心回到了灾难深重的祖国，在重庆中央医院创建了当时国内一流的胸外科。

1944年，在当时的重庆中央医院，吴英恺成功实施了我国首例动脉导管未闭结扎手术。1948年，完成全国第一例慢性缩窄性心包炎切除术。1959年，在全国率先成立了食管癌防治科研组，对食管癌进行流行病学、临床治疗及实验室检测三位一体大规模研究，结合临床表现和X线诊断特点，提出了食管癌病理分型的概念，此后又提出了在国际上也属于创新的四期分类法及多点来源的病理学理论，大大推动了食管癌防治科研工作，使我国的食管癌防治达到国际领先水平。

星斗其文　师表其人

对待医学后辈吴老又有一颗殷殷的关怀爱护之心，他时刻关注中、青年医生的成长，认为在青年医生的成长过程中，老一辈医学家起重要的传帮带作用。吴老注重医德和学风的培养，其身教大于言传。他对待病患有大慈恻隐之心，永远把他们当作自己的亲人。他对待每一位病号都认真细心，查体系统全面，生怕遗漏重要的体征从而导致误诊漏诊；吴老十分推崇24小时负责制，住院医师经常深入接触病人，与病人建立深厚感情并且能够培养随时掌握病情，处理病情的优良作风。并且对病房环境的检查更是认真细致，一丝不苟。而且每次必定会亲自检查卫生间，如果环境脏臭，无论病房各项工作再好，也会定为不合格。对于慢性病病人来说医院就是他们的家，一个良好的生活环境有时会促进病人的康复。

吴老说："做个普通医生不难，但如做一个深受病人和家属信任和同行同道尊敬的好医生却不容易。品学兼优,并能经常解决病人和病家的困难,才称得起好医生。"只有厚德,才能载物。吴老认为,做医生就要急病人所急,痛病人所痛,千方百计及时有效地解除病人痛苦。河南林县食管癌的肆虐疯狂,往往一家父子兄弟同时患病,多数在一年内死亡。医家束手,病家无望。一个54万人口的县,每年新增食管癌病人500多例,死亡400多例,平均每18小时就有一个人死于食管癌。当时,县领导眼巴巴地望着他:"北京来的专家想想办法吧。"

吴老曾经在1959年、1964年和1979年三次到河南林县食管癌高发区调查发病患病情况,结果发现当地的居民们喜好热食,而且食物粗硬,缺乏维生素。在这些调查的基础上,吴英恺提出了预防食管癌的方案。在基层,他还带领医务人员积极开展普查和手术,使得许多早期病人得到生命延续的机会。当地群众常常说起:"要不是那位穿中山装的吴院长,我们不知道还要受多少罪呢。"

"医学有两座高峰,一座是学术高峰,一座是医德高峰。"吴英恺用一生的德行挺起了这两座高峰。

春蚕到死丝方尽　蜡炬成灰泪始干

1980年吴英恺院士退休离开了阜外医院,当时已是古稀之年,退休后可以在家赋闲、浇花种草、安享天伦之乐,但是怀着对心血管事业的满腔热忱,他不愿就此偃旗息鼓退出驰骋的沙场。甘愿做一支蜡烛燃尽自己的光和热,凭着坚强的斗志、顽强的毅力和助手的鼎力相助,创建了北京市心肺血管医疗研究中心和以心血管为特色的北京安贞医院。安贞医院是吴老一生中创办的最后一所医院,他倾注其中的心血也最多。现在的安贞在心胸外科、心血管流行病学以及人群防治研究都有着优秀的业绩。吴英恺对亲手创建的安贞医院有着这样的评价:"体制先进、环境优美、设备精良、人强马壮、成果初现、还要发展"。然而在建院之初,吴英恺得到的仅仅是一张"1200平方米建筑面积的批件"。一位年逾古稀的老人,要在这样一穷二白的基础上建医院,艰辛程度可想而知。吴老对安贞医院提出:"公、勤、严、廉"的院训,他说到:"这是做医生的标准。公就是公私分明,至少先公后私;

勤就是勤学勤干,既要及时解决病人的疾苦,又要勤学苦练不断提高自己的本领;严就是学术上严谨,工作上要严格,做事要严谨;廉就是廉洁,任何医生都不得以医谋私"。

吴英恺也是我国健康教育的开拓者,他十分赞赏《黄帝内经》中的"上医治未病"的哲学思想,倡导医生把健康的金钥匙交到百姓手中。古人云:"不战而屈人之兵是国之良将,不医而防人之病是国之良医"。吴老是当之不愧的国之良医。曾记得他有句话说到:"中国不缺少临床医生,中国缺少的是搞流行病的医生"。他一生致力于心血管疾病的治疗与预防。1978 年,组建我国第一个心血管病流行病学及人群防治研究室,开始进行心血管病的大规模流行病学调查及群防群治。1979 年,他以非凡的气魄组织了全国第一次高血压普查,这是我国首次大规模采用国际标准进行的心血管流行病学研究,其结果至今还被国内外高血压学者广泛引证。1983 年,吴英恺组织专家,按照 WHO 的莫尼卡(MONICA)方案,对北京 73 万人口,其他 16 省、市的 550 万人口,进行国际上最大范围的人群心血管病监测。

耄耋之年,吴老开始了新的创业——写科普文章,为他呕心沥血的"爱心护心工程"挥毫泼墨。他试图用最浅显、最质朴的文字让更多的人明白健康的道理与养生保健的知识。在全世界只有他的印刷品是唯一欢迎"盗版"的。他幽默地说:"这些册子不求美观,但求普及;没有版权,欢迎翻印。"他在年近九旬时还经常参加各种科普宣传活动,并亲自解答问题。为了老百姓的健康教育,他奉献出了自己全部的心血,直到生命的最后一刻。

这位一生都与心脏结下不解之缘的老人,最终还献出了自己的心脏。这颗心脏被完好地保存起来,安放在安贞医院心脏外科大楼里,他那颗赤诚的、永不停跳的心,将永远和深爱着他的人们在一起……

医务生活经验谈 MEDICINE

向青年医生介绍我一生中的三位老师

张茂宏

张茂宏,1929年生,山东大学齐鲁医院教授、博士生导师。1947年考入齐鲁大学医学院,1954年毕业于山东医学院(原齐鲁大学医学院七年制本科)。曾任山东医科大学研究生部主任、血液学研究室主任、附属医院内科、肿瘤中心和血液科主任、山东省血液病重点实验室以及国家食品药品监督管理局临床试验机构主任。在学术兼职中,曾任国务院学位委员会学科评审及国家自然科学基金初评和复评成员。中华医学会血液学学会常委和贫血学组组长、山东医学会血液学专业委员会主任委员、山东省抗癌协会副理事长、《中华血液学杂志》副主编及《中华医学杂志》等十种专业期刊编委或常务编委。为首批山东省科技拔尖人才并享受政府津贴、亦被山东省及济南军区保健委员会聘为医疗专家和其他医学院校兼职教授。

张茂宏从事血液病专业已50年,对血液病的诊治积累了丰富经验,是山东省内科专业中的第一位博士生导师。他所指导的60余名研究生在国内外已成为学术带头人或骨干力量,是2005年度全国百佳优秀博士论文导师。他在国内最早研究血细胞的荧光改变和扫描电子显微镜下血细胞的三维图像和表面微结构,而且结合组织学、免疫学、细胞和分子遗传学以及核素影像等对白血病、再生障碍性贫血等难治性血液病进行发病机制、诊断和治疗的研究,享誉血液学界。他善于团结同仁,组织了华东区27所医院根据再障的发病机制设计了 SSL 联合方案治疗再障病人取得了确切效果,很快在全国推广。随后又对治疗银屑病药物所致的相关性白血病进行了调查研究,及时中止了该药的生产,从而防止了白血病的继续发生。由于他密切结合临床并进行实用性研究,因此获得了部、委级一、二、三等成果奖十五项,主编及参编专著十八部,发表论文百余篇,全国性学术会议特邀报告多次。

在旧社会,医生是治病救人、铁饭碗和不求人的职业。我受一些主观和客观因素的影响,立志学医。1947 年考入了齐鲁大学医学院,该院是一所全国知名的教会大学,尤其医学院,学制七年,更是享誉中外。家境虽然贫寒,但父母和四位哥嫂都支持我继续深造。入学时 18 岁,在体检时一位美国护士给我测体重仅 87 磅,认为我营养及发育不良,每日免费提供两磅牛奶。当注册时,主管傅老师发现我的考分高,又获得了奖学金,解除了我的后顾之忧。1948 年济南被解放军包围,成为孤岛,学校为了师生的安全,决定搬迁。医本科迁往福州,我们医预科随着文理学院迁往杭州,当时必须乘飞机至青岛,然后由海上去目的地。我和两位同学无力交纳昂贵的路费,为了不辍学,冒着危险,由济南穿过封锁线至解放区,一路半走半坐马车至济宁,改乘帆船,由运河南下,经过微山湖至滕县,再由解放区穿过第二道封锁线至徐州,最后坐火车,辗转到达杭州。这时一贫如洗,所幸又因一年级时学习成绩优良,再次获得了全额奖学金,直到杭州解放,这样才完成了医预科的学习。1949 年迁回济南,进入本科。因为学校是教会办的私立大学,政府尚待接收,学校经费来源中断,家乡也刚解放不久,百废待兴,我家成分被划为贫农,以后改为独立劳动手工业工人,根本无力接济。当时有些同学休学或退学,有的去医院兼做清洁工,当炊事员,我也做过临时工,献过血,以后为老师画讲课的挂图,得点报酬,同时又得到同班几位同学的资助,渡过了这最为困难的一年。1950 年学校被政府接收后,我享受了人民政府助学金,虽然长达四年,天天吃窝窝头,但心情是愉快的。学习劲头更大,一心一意要把书读好,做个品学兼优的学生,顺利地完成了七年制的医学教育,获得了山东医学院的毕业证书,并留校在附属医院(原齐鲁大学医院)内科工作至今。以上是我大学时期的简要经历。

从学医到现在已 60 年,做医生也 53 年了,年近八旬。回忆一下学习和工作经历,作为一名医生最重要的是怎样才能够跟得上医学的发展、疾病的变异、诊疗技术的进步,做一个不掉队的称职的医生呢? 就需要活到老,学到老。至于怎样学,我的主要经验是:在一生中不断地向三位(指的是三类)老师学习。以下谈谈我的心得体会,作为内科青年医生的参考。

(一)启蒙老师

这里的启蒙老师指的是教过我、带过我的老师,包括我的师兄和师姐。我在内科任住院医生五年,有很深的体会。以后从事血液病专业,曾参加了医学科学院血研所举办的短期学习班,又得到了血液学老师们的指点,更觉得入门学习的重要性,要从四个方面向他(她)们学习。

一是医德医风。老师们接触病人时一视同仁,问病史态度和蔼可亲,回答病人问题不厌其烦,并为病人保护隐私;查体时扶助病人上下检查台,帮助转变体位,寒冷时温暖听诊器再听;看门诊时按序号诊病,养成了中间不喝水不去厕所的习惯;有疑问立即研究解决,绝不谈私事,更无吃请或收受红包等歪风;管病房时以病房为家。当时杨锡范老师是年轻人的榜样,他除了白天查房及看门诊外,每晚十二点左右必来病房一次,了解病人全天病情的变化,以便次晨查房时有的放矢。年轻实习医生每晚都在病房写病历和病程记录或结合病人看书。次晨均在七点以前进病房,了解自己的病人病情及查体,以便向上级医生汇报。因为密切接触病人,因此医患关系非常好,师徒以及师兄弟也像一家人一样。老师们做任何事都讲究实事求是,从不夸大,更无弄虚作假现象,对我们年轻人影响很大。20 世纪 60年代初,我国正值生活困难时期,食物性营养不良患者遍及城乡。根据上级指示,院内专设了病房收治水肿和干瘦病人,指派我负责研究治疗和观察全身脏器功能改变。这时社会上流传了很多疗法,甚至有的皮下注射鸡蛋清用来治疗;有的单位研究发现,链孢霉内含有大量蛋白可治此病,省内建立厂房,投入生产,上级领导对此抱有很大希望。我们和病人一齐参加这一临床试验,食用后检测了 24 小时粪便,得出了相反的结果,不仅链孢霉不能吸收,而且增加了食物内蛋白的排出。这时报喜不报忧以及浮夸风尚未完全消失,但经老师们讨论,还是如实上报。这些医风和学风的优良传统,都是启蒙老师言传身教我们的。

二是自学助长。大家都知道"师父领进门,修行在个人"这句名言以及"自学成才"四个字。我刚参加工作时,启蒙老师们除直接传授对疾病的诊疗知识和技能外,还教我如何自学,以便更快地积累临床经验帮助成长。例如让我统计分析 10 年内住院病人的几种常见病,其中有溃疡病、大叶性肺炎、细菌性痢疾、风湿性心脏病、亚急性细菌性心内膜炎等 12 种疾病,不是让我写论文发表,而是令我在统计和分析过程中加深了解,从而知道每种疾病除共性表现外,有哪些不同表现以及哪些并发症和治疗效果如何,不仅增长了临床经验,同时也锻炼了写作能力。1959 年我参加中国医科院血研所的血液学学习班时,体会更深。启蒙老师邓家栋、宋少章、张安等教授都是名扬中外的血液学专家,全班学员大多年龄在 30 岁上下,我 30 岁。学习时间不到两个月,对老师们的成才之路,我们年轻人也有所了解了,在他们身教和领我们入门后,同学们在各自单位从事血液学医疗、教学和科研岗位上,继续自学。有的成为院士,更多的成为著名专家或全国的学术带头人,为我国血液学发展和提高起到了重要作用。

三是教学有方。现在许多医院都承担着教学任务,其中包括课堂讲授和学生的见习和实习的带教,在大学学习的七年中,我很注意老师们的教学方法和效果,我体会到教学效果要好,需要掌握几个要点:第一课堂讲授前要充分备课,言之有物,抓住重点,结合临床,听起来生动;再是要练好表达能力,也就是口才要好,不要像和尚念经一样。我平时沉默寡言,为了讲好课,年轻时带教学生,就按着以上要点练习,经常在床边结合病人具体病情先练习小讲,以后再上课堂讲;另外还要重视启发式教学,特别是对临床实习的学生更为重要,首先多提问,多讨论,然后再结合病因、发病机制以及诊断和治疗等有所侧重的讲解。

四是学做科研。当我做第三年住院医生时,鲁中南丝虫病的发病率很高,在济宁刚建立了山东省丝虫病防治所,我的主任高学勤教授兼丝虫病研究委员会副主任委员。他让我去济宁帮助工作一年,那时学习苏联学位制度,他是内科副博士生导师。博士研究生都是行政领导指定,我不是。他交代我,要像研究生做课题一样,做好丝虫病的防治工作。我承担了防治所内

MEDICINE

的丝虫病感染率的调查、诊断和各种方案的治疗研究。行前借出 40 多册的国外期刊,到防治所后即开展工作,每日晚上领着同事们到村内普查,夜半方归,白天担任学习班的授课。在这一年中虽然工作劳累,生活艰苦,但成绩也得到了领导和老师的认可。普查中确定了该地的丝虫病以及肠道钩虫病、蛔虫病的感染率;而且对寄生虫病选定了安全性大、疗效高的治疗方案;明确了卡苯砷的肝脏毒性。尤其值得欣慰的是,探索了免疫学诊断丝虫病的价值,即完成了"用犬丝虫抗原皮内试验诊断丝虫病的研究"的课题。观察了 1985 个病例,分为六个组别:包括非流行地区(黑龙江)居民在内作为对照,当时是在国际上例数最多、设计最完整的资料,写成 15000 多字,全文发表于《中华医学杂志》,1958(2):130 ~ 136。同时也在其他期刊发表了有关丝虫病治疗方面的论文。指导老师高学勤教授对我这个不是研究生的学生加以鼓励和赞赏,从此我对科研的重要性有所了解,也产生了兴趣,尤其是知道了怎样做科研。

(二)病人老师

病人常告诉我,看疑难病要找年龄老的,为什么?他们认为老医生经验丰富,信得过。医生的经验从何而来,是从病人那里直接学来的,所以说病人是我们的老师。

当我三年级学习人体解剖学时,第一课是赵常林老师讲的,他是国内著名的骨外科专家,也是当时的医院院长。他告诉我们以后不再讲课,老师就是尸体,按着解剖学逐步解剖即可。我们全班同学就是这样在死者身上学习了一年,有时晚上还要加班完成学习计划,任教老师仅起到示范、指点和解决具体问题的作用。同样,我们的诊疗经验既然是直接从病人那里学来的,而且是有思想能叙述病情的人,当然更是医生的老师。我们要尊重他、爱护他,尽其所能把病治好。临床工作中即使同一种病其表现并不完全相同,它像人的面孔一样,没有完全一样的。课堂上老师讲的或书本上写的都是共性表现,接触病人时有些是个体化表现,所谓一些疑难诊断病人,实际上是突出了个体化而缺少共性表现而已。

向病人老师学习主要是门诊和住院病人。对年轻医生而言急诊室也是很重要的地方。我们那时很愿意值急诊,因为这是锻炼青年医生最好的地方。病人来时需要迅速作出诊断,有的必须分秒必争进行抢救,把濒危的病人救治过来时会有极大的欣慰感和成功感,同时也积累了经验。值急诊的诀窍就是"胆大、心细、果断"六个字。如果胆大而不心细就会漏诊或误诊,心细、胆小而不果断会耽误病情。当然,如果是由于经验不足或水平所限应及时请上级医生诊断。一位卫生领导部门的老干部曾在急诊室深有体会地对我说"你们做医生的,诊疗及时可以救活病人,稍有不慎或犹疑不决可以断送病人的生命。"实际上他也说明了以上六个字的重要性。现在有少数年轻医生认为值急诊太累,风险也大,不愿去轮班,显然是错误的,也对自己的成长是不利的。

医生向病人学习时,还要善于汲取教训。人常说,战争时没有常胜将军,也没有常在河边走总是不湿鞋的人。从事医疗工作,也没有万无一失的医生。大医院都有疑难病例和死亡病例讨论的制度,对死亡病例主要讨论病人是否属于正常死亡或有无疏漏。大家畅所欲言,找诊疗不足之处,汲取失误的教训。例如:1954 年我第一年做住院医生。值急诊时送来一位 54 岁的家庭妇女,家属代述突然寒战发热三小时,同时呼吸困难,烦躁不安。查体见病人神志恍惚,明显紫绀,不能平卧,两肺满布哮鸣音和少许水泡音,血压偏低,上级医生亦来共同抢救,经对症支持以及青霉素一般剂量应用均无效,24 小时内死亡。征得家属同意,次日尸检。正在解剖期间,高学勤教授赶到现场,告诫解剖的病理科教授,可能是肺炭疽,要防止传染。因为他了解到病人有纺羊毛史。而且他对传染病有很深的造诣,也诊治过这样的疾病。这个病人的临床表现非常典型,如果应用大剂量青霉素也许能够挽救。最后病理和细菌培养均确证无疑。我从病人身上学到了肺炭疽的病理改变、临床表现和针对性治疗,而且记忆犹新,并汲取了教训。再者,1956 年本院一位清洁工人长期高热不退,应用抗菌药物无效。胸片显示右侧膈肌高于正常,疑阿米巴肝脓肿。当时没有超声诊断等设备,只好按不同方向进行两次肝穿刺,均未抽出脓液,两日后死亡。经家属同意,再行高位肝穿刺,抽出了典型的巧克力样脓液。大家都觉得愧对死者,引以为训。以后我参加了本省医疗质量检查组,至某医院检查死亡病例时,同样有两例延误穿刺,发生穿破而致死的。现在由于一些原因,少数医生不求有功,但求无过的心理,遇有风险的操作胆小、怕事、上推下卸,这对医生尤其对病人非常有害,希望这是暂时现象。

(三)书刊老师

书刊老师是我的更新型老师。谁都知道"学如逆水行舟,不进则退"。尤其是现代医学进展很快,诊断技术、新药研发也是日新月异,疾病谱也不断变化。青年医生除每年参加各种继续教育学习班外一定要多看新出版的书刊,除多看之外还要多讲、多写和多想。多看并不是无所不看,而是对自己专业的有关期刊先看题目为初选,再看摘要为二选,以后再仔细看所需要的全文。古人云:"展卷有益"确实如此。1959年急诊室发生了一例猝死的"怪症"。家住二楼的一位男性病人心区不适,家人急忙往楼下抬,不慎碰伤了头部,送到急诊室时,心跳呼吸均已停止,心电图画直线,创伤处无出血表现,常规抢救无效,送往停尸房。次晨家属至停尸房发现病人头部创伤部位血流不止,认为病人未死或复活,发生了纠纷。门诊部主任带领值班及内科总住院医生前往检查仍是典型的死亡表现,确实仍在出血。院领导组织由内外科心血管主任并特邀法医前来讨论均无法解释。总医师到病房向我介绍了这个"怪病",我听了之后立即告诉他这是死后纤维蛋白溶解的表现,尤其是猝死的病人纤溶的速度更快。我之所以能够解答这个问题,因为我曾看过《苏联医学》关于《尸体血在输血中的应用》一文详细论述了这个问题,这是"展卷有益"的结果,从而平息了纠纷。

再就是多讲和多写。因为看了一些新资料之后,自己有了心得体会,如有机会就讲,可以结合病情讲,可以在讨论时讲,也可以在院内讲座时讲。总之,多讲不仅对同事们有利,而且也加强了自己的记忆。多写是知识更新的重要方法之一,多写就要多看而且要仔细看、用心看,才能写得好。例如在十年"文化大革命"期间,医学方面基本处于停滞状态,结束后大家如饥似渴地要学习业务,当时内科各专业负责人查阅了十年来国外的进展资料,集体编写了两集《内科专题讲座》,主任让我负责总编,共50个专题,65万字。各专业负责医生包括我在内通过多写不仅掌握本专业的最新动态,而且提高了内科医生们的业务水平。另外还要多想,在阅读刊物时要想想作者的论文对自己有无启发。例如在临床上一些诊断方法是否可以采用,一些新药是否可以拓宽应用,老药能否新用等。在 20 世纪 60 年代初看到 *Blood* 杂志发表一篇血细胞荧光形态学,国内还没有人研究,我利用了能照相的普通光学显微镜配上滤光片,知道医学院有光源,标本经荧光染色后,每天下午和技师抬着这台显微镜到学校观察,积累了全套正常人和各种血液病的细胞彩色图后,写成论文发表,并在全国大会上介绍。在 70 年代末,同样首先在国内报告了"扫描电子显微镜血细胞的表面微结构"。此时在血细胞形态学方面,我们运用了一般染色、细胞化学染色、荧光、位相、透射和扫描电镜等,形成了最为完整的血细胞形态学。对白血病和再生障碍性贫血等疾病的确诊率明显提高。再生障碍性贫血至今仍是较为难治性疾病,发病机制认为主要与造血干细胞缺乏、造血微环境障碍与免疫异常三大机制有关。也就是"种子"、"土地"和"虫子"学说,当时想到急性白血病的治疗已经针对细胞周期应用联合化疗方案获得突出效果,治疗再障亦可针对三大发病机制联合用药,亦可能提高疗效。因此制定 SSL 三种药物的联合方案,经过华东区协作组的临床观察,亦获得了明显效果。这一方案在全国迅速推广,这也是多看和多想的结果。以上都是平淡无奇的一般例子。我们都知道,在血液学同仁中,王振义、陈竺和陈赛娟三位院士都是上海瑞金医院的医务工作者,而且是师徒,陈竺和陈赛娟还是夫妻。他们对全反式维甲酸和三氧化二砷治疗急性早幼粒细白血病的临床和基础研究取得了创新性、突破性成果。是诱导分化治疗恶性疾病的先驱者,誉满全球。也是我国血液学界的光荣。也是他们多看、多想而且多做的结果,特别是中青年的学习榜样。

最后,我以"学无止境,做一个永不掉队的卫生兵"作为警句,愿与青年医生共勉。

行医从教经验与人才培训之道

杨德森

杨德森,中南大学湘雅医学院精神病学教授及名誉所长,原世界卫生组织精神卫生专家顾问组成员。生于 1929 年,湖南湘阴人。1948 年就读于湘雅医学院六年制本科,1954 年毕业,1959 年精神科研究生毕业。1962 年任讲师,1978 年任副教授,1983 年任教授并出任湖南医科大学副校长至 1990 年,1988 年起任精神卫生研究所所长及精神卫生系主任。1987 年起被世界卫生组织聘为精神卫生专家顾问组成员,1992 年起任世界卫生组织中国心理社会因素、成瘾行为与健康协作科研中心主任。曾任 ICD－10 中国现场测试中心主任、DSM－Ⅳ国际咨询专家、UCLA 海湾医学中心客座教授。1992 年起任国务院学位委员学科评议组成员,1994 年起任中华精神科学会副主任委员。曾潜心于我国精神疾病分类与诊断标准研究,1992 年获卫生部科技进步三等奖。从事"精神应激"研究,1993 年获湖南省科委科技进步二等奖。进行"计划生育术后心身反应的预测与防治"研究,1993 年获国家计生委科技进步三等奖,从事"生活质量"、"成瘾行为(戒毒、戒酒)"及"道家处世养生法对应激相关疾病的认知治疗"的国际或国家资助课题研究。主要著作任主编的有:《中国精神疾病诊断标准与案例》(44 万字)、《基础精神医学》(134 万字)、《行为医学》(46 万字)、《现代精神医学》(97 万字)、《人格形成与人格障碍》(31 万字),2004 年出版《中国人的心理解读》(15 万字)。已发表论文 200 余篇(在国外发表 10 余篇)。培养硕士及博士生 40 余名。曾任美国 *J. Integrative Psychiatry* 及 *J. Behavioral Medicine* 两刊编委,《中国神经精神疾病杂志》主编、名誉主编及顾问,《中华精神科杂志》编委、副总编、顾问,《中国行为医学科学杂志》、《神经疾病与精神卫生杂志》、《临床心身疾病杂志》名誉主编,《中国心理卫生杂志》副主编。

(一)自我修养之道

(1)读名著,从名师。精读一本专业原文权威经典教科书,从头到尾读完。

(2)书写病历文件保证内容详细,字迹与签名清晰工整,好中求快,书法不变。

(3)自始至终重视提高解决医疗实际问题的能力。在医教研技能中,医疗是基础。遇到疑难病历,采取反复询问、反复检查,考虑正反两面症、征,查阅文献,求得妥善解决。

(3)医、教无类,同情照顾有困难的求医人群,平等、和善待人,坚持"少花钱,治好病"的原则,亲朋权贵,挂号依序看病;不以医术牟取私利,医德自显。

(4)对研究生与青年医生训练从严,要求扎实的基本功,考核临床基本技能,研究选题紧密联系社会实际需要。1978 年起共培训硕士 18 名,博士 27 名,共计 45 人次。

(5)读千卷书(博览书刊),行万里路,每日开卷,与时俱进,敢于创新,自强不息。以第一、第二作者发表论文 200 多篇,其中英文日文 10 余篇,出访美、澳、亚、欧 20 余国。

(7)广交国内外专业朋友,虚心学习,取长补短,求同存异,共同发展(承办国外医学精神病学分册,创办国内精神医学书籍出版基金会,受命主持制定中国精神疾病诊断分类系统,自建杨德森精研所促发基金会)。

（8）在专业学术钻研上，博中求约；集中优势兵力，打歼灭战；抓住关键问题，著书立说。主编欧洲精神病学经典著作译文特集，基础精神医学，中国精神疾病案例集，行为医学，独著中国人的心理解读等。

（9）快步，游泳，晨操，固守生活节律。个人爱好：哲学、心理学、文学、中国音乐、棋牌。个性：开朗乐观，坦诚自信，自主创新，平易近人，性急，自控能力较差。

感悟医学家

MEDICINE

（二）培训人才之道

1. 素质

（1）高智能：灵活，接受能力强。

（2）好性格（心理健康：认知正确反映现实，情绪平和愉快，办事认真勤奋，人际关系良好，开放改革创新）。

（3）有道德：爱国守法，明礼诚信，团结友善，勤俭自强，敬业奉献。

（4）不适合从医的人：脑子糊涂，态度恶劣，工作不负责任（又笨又懒又恶）。

2. 基础好

（1）工具性基础：外语、电脑、统计学方法。

（2）生物医学基础（正常人体解剖生理学、病理解剖生理学、病原学、药理学、诊断学、内外妇儿各科临床医学）、神经科学基础（神经解剖生理学、神经生化与遗传、神经精神药理学、脑形态与功能影像学、神经病学）。

（3）社会、心理学基础（普通心理学、发展心理学、社会心理学）、辩证法、逻辑学基础。

3. 临床工作能力训练

（1）神经系统检查与精神状况检查娴熟技术。

（2）熟悉临床思维与正确诊断方法、个别化治疗方法，必须掌握心理治疗基本操作技术。

（3）上班多看病，疑难与危重病人要经常与反复观察，检查；关心病人疾苦，心系病房。

跟班劳动：作护理员——护士，护理，治疗护士，作晚夜班（共一个月实习或见习）。

4. 教学工作能力训练

（1）面向听众，把握接受水平，掌握重点、难点、疑点。

（2）启发式教学/灌输式教学各取所长，严格执行教学计划，密切注意效果反馈。

（3）语言通俗易懂，生动活泼；催眠就是失败。

5. 科研工作能力训练

（1）选题面向社会需要。

（2）抓紧开题报告，预答辩两关，中程监控，遇到困难，提供及时帮助。

（3）培养独立工作能力，高标准（拉动），严要求，压任务（驱动）；放手敞开实干，鼓励创新，指出不足。

6. 做人的精神培训

（1）多看书，终身学习不止，学以致用。

（2）爱院，实干兴科，团结互补，教学相长。

（3）开放互助，结队攻关；广交专业朋友，取长补短；引进人才，加速发展。

（4）身教胜于言教，以张孝骞教授为楷模，以"湘雅精神"自律：勤奋，严谨，团结，进取。

7. 各科医务人员医德规范

（1）救死扶伤，实行社会主义的人道主义。时刻为病人着想，千方百计为病人解除病痛。

（2）尊重病人的人格与权利。对待病人，不分民族、性别、职业、地位、财产状况，都应一视同仁。

（3）文明礼貌服务。举止端庄，语言文明，态度和蔼，同情、关心和体贴病人。

（4）廉洁奉公，自觉遵纪守法，不以医术谋私。

（5）为病人隐私保守秘密。

（6）互相学习，团结合作。

（7）严谨求实，奋发进取，钻研医术，精益求精。

8. 精神科医师的职业道德与工作方法

（1）爱护精神病人，关心、同情病人的精神痛苦，建立良好的医患关系，注意保持适当距离，避免过度介入或感情卷入。

（2）尊重精神病人的人权，名誉权、隐私权不受随意侵犯。

（3）合理接受正当医疗服务报酬，不可乘人危难，牟取不义之得。

（4）热爱专业，不断学习进步；实践常思己过，面谈莫论人非，同行互敬，实事求是。

（5）发扬"细致观察、重点检查、详细记录，尽量明确诊断，正楷签名，首诊负责"的个人医风。

（6）对主病尽量单一用药，对诊疗措施给予病人与家属充分知情权利，防止垄断、武断、蒙骗。

（7）除药物治疗外，注意病人心理问题与社会功能，综合指导处理，明确监护亲属的主要任务。

（8）尊重上级医师意见，保持独立思考精神。清谈无能事，实干出真知。

（9）医疗工作是集体作业，必须分工合作，团结互助。

（10）医疗工作纳入市场经济后，谨防牟取暴利，职业道德滑坡；临难勿苟免，临财勿苟得；见困难就上，见荣誉就让。注意法律上的自我保护。

行医从教经验与人才培训之道

王元萼:生机

——一个青年医生口述的故事

G 医生　口述　　郝新平　整理

真诚地对待每一位病人,给予他们生的希望,此乃医家的医涯得以充满生机的真谛。

——采访札记

王元萼,1931 年 11 月生于江西省波阳县。1957 年毕业于武汉医学院,同年分配至北京协和医院妇教授产科工作,历任妇产科住院医师、主治医师,1964～1966 年进行研究生学习,获硕士学位。后任副研究员、教授。1986 年起任妇产科副主任。曾于 1985 年 3 月至 1986 年 4 月在美国哈佛大学、杜克大学、匹兹堡大学进修学习。

王元萼教授是妇产科专家。20 世纪 60 年代曾从事病理学工作,以后致力于滋养细胞肿瘤研究,是"绒癌研究组"主要成员,对绒癌病例耐药问题进行研究。根治绒癌的成果获 1985 年国家科技进步一等奖、1987 年中国医学论坛报奖、1989 年陈嘉庚医学奖。王元萼在医疗和科研工作,特别是滋养细胞肿瘤的临床研究上作出了很大贡献。

王元萼勤奋博学,善于总结经验,探索规律。在国内外发表论著 40 余篇。主要参与撰写的著作有《滋养细胞肿瘤的诊断和治疗》、《妇科肿瘤》,均获得全国科技图书一等奖。《生机》一文采写于 1991 年,1992 年王元萼教授因病去世。

这里可谓全国治疗绒癌的中心,23 张病床从没空过。来自全国的病人如需住院往往要等待床位。

明天将有两位病人出院。仅仅两张床,却有一串病人在等着。其中有教授一位熟人的亲朋好友,还有本院职工介绍来的一位病人。不过教授毫不犹豫地决定将河南来的,仍在小旅馆等床的那位重病人收进来;另一张床则给了上午刚刚从河北涿县抬来的那位农民病人。教授在今天的专家门诊中检查确诊了这个病人绒癌已转移至胸和脑,决定先将她安排到急诊室接受对症处理。教授历来认为收病人要先收重的,这也是这座著名医府的传统。

教授一家曾在一间小房子里住了 30 年,最近才分到一套较宽敞的楼房,然而因为没通煤气,教授每天还要走两站路回老房公用厨房做饭。他没工夫,也没有心思去张罗门路想办法,他的精力全部倾注在医疗和科研上了。

出完专家门诊回科室只休息片刻,疲惫的教授正准备去急诊室看病人,一位青年医生领着一个中年男子走进教授办公室。中年人是青年医生的亲友,他的妻子患葡萄胎已开住院条,想尽快住院。中年男子自称是市煤气公司的,并提出愿送给教授一套煤气用具,以后每月还送一罐煤气上门。教授婉言谢绝了,他说目前床位紧张,你爱人病情较轻,可回家听候入院通知。中年人不甘心。青年医生忙帮腔道:"明天不是有病人出院吗? 就先收下她吧。今晚我们就把煤气罐送到您家里。"教授像是受到侮辱似的,猛地站了起来,紧紧盯着青年医生,愤怒使他脸色变白。青年医生在威严的目光下不知所措。教授挥挥手请中年人回家等通知,然后冷冷地对青年医生说:你跟我去趟急诊室。

急诊室里,涿县病人正在输液。癌细胞脑转移已使她偏瘫了,并且牙龈出血、化脓,右颊隆起一个大肿块,阵阵恶臭扑面而来。病人的丈夫,一位老实巴交的农村汉子局促不安地望着教授,双眼充满乞求和希望。教授查看了病人,又让青年医生看看病人,然后向急诊大夫交代了几句,才匆匆离去。

回到办公室,教授以沉重的口吻问尾随的青年医生:"刚才病人的病情你已看到,你说,该如何处理?"一直垂着头的青年医生怕对视教授严厉的目光,把头低得更低。"每个病人都应得到及时治疗,尤其是农村来的病人,他

王元萼:生机 MEDICINE

们一般病情重、生活困难,来北京举目无亲、无依无靠,只有靠对医生的信任了。这样重的病人我们收了就可能给她生的机会,放在外面等,就会因病情加重而死去。如果我们只贪图私利、照顾私情而不顾他们求生的愿望,那社会还有何公道可言?我们的医德、良心又丢到哪儿去了?"青年医生的脸涨得通红。教授平静了一下过分激动的情绪,走过来亲切地拍拍青年医生的肩,语重心长地说:"抬起头来,要鄙弃那些社会中低级庸俗的坏东西,一心一意为病人着想,尽医生之力给他们以生机,只有这样,你才能成为一名真正的医生。"青年医生抬起头,他感到教授那放在自己肩上的手格外温暖有力。

这是个真实的故事。教授的名字叫王元萼,北京协和医院妇科教授,著名的滋养细胞肿瘤专家,1987 年荣获《中国医学论坛报》"赛克勒中国医师年度奖",1989 年荣获"陈嘉庚基金奖"。

那青年医生就是我,大学毕业分配到北京协和医院。我在走上工作岗位不久,就能从老一辈名医身上学到为医之道,我是幸运的。

附:

"大爱无言"
——一段从未被躁动淹没的记忆

郝新平

我采写的《生机》一文原发表于 1991 年 2 月 10 日,并先后被全国其他报刊转载。可见文中主人公王元萼教授人格魅力之感召!

转年,竟传来王元萼教授去世的噩耗,是肝癌!震惊、哀伤和痛惜交集,我无语凝噎。

呜呼哀哉!你是一个视患者生命至上,奋力给予他人生机的医者啊!可是你的呢!?一年前,当你救治那河南和河北涿县来的农村病妇时;当你照例拖着疲惫不堪的身躯走回两站地老房公用厨房做饭时;当我采访你时……病魔正在悄悄地吞噬你的肌体,我断定!你没有觉察吗,你是医生,才 61 岁啊!

听到噩耗的那一刻,如同眼下我提笔撰写此文一样,当年采访你的一幕又浮现眼前,仿佛推开你诊室的门,一切重演。

17年前,对你的采访并不"理想",因为其实你几乎什么都没有说。那是一个冬日,空无一人的诊室结束了一天的繁忙喧嚣。消瘦黝黑且疲惫的你独自端坐桌旁。你不善言谈、表情淡漠,几乎忘记了那不久前发生在你和G医生间的事,并且对我因此而来的采访表示出惊讶。从你平静的面容中,我读懂了,这种事之于你是那么的平常,天经地义、无可厚非。我想,这就是那种为我们尊崇和期盼的"大爱无言"。

一件小事,却折射出一个大写的"人"字和"医"字。重温此文,令人感怀———一位医者,其人性的光芒可以穿越时空17年,至今仍照耀并温暖着我们的心!

多少年来,我采访报道过无数的人和事,但这篇唯一以别人口吻写就的小文始终在我心目中占据重要位置。

今天,正值《中国医学论坛报》创刊25周年、"中国医学论坛报赛克勒医师年度奖"设立23年之际,我们重新刊登《生机》一文,就是以期唤醒当代人许多曾经被遗忘、被漠视、被躁动所淹没的记忆、体验和感悟;并以此缅怀王元夔教授,这位1987年第三届赛克勒医师年度奖获得者!

"做医生我每天都有幸福的事。成功完成一个高难度病例的时候是幸福的,被病人理解是幸福的,被国内外同行认可的时候也是幸福的。"说这话时他的双眸闪着柔和的光;"啊,看看我们的食堂,我们的幸福生活,每天都有馒头吃!"带领我们参观教授食堂,他搓着双手感慨着;拨弄着秦琴的弦,一曲《地道战》的主题曲流泻于他的指尖,幸福亦溢满他办公室的每个角落……

葛均波:行走于真诚间的别样幸福

郝新平　张　彦

葛均波,教授,长江学者,博士生导师。1962 年 11 月出生于山东省五莲县,1984 年于青岛医学院获医学学士学位;1987 年于山东医科大学获硕士学位;1988 年开始在上海医科大学心内科攻读博士学位,其间公派联邦德国,1993 年获德国美因兹大学医学院医学博士学位。1993 年跟随其导师到埃森大学医学院继续博士后研究,并于 1995 年任埃森大学医学院心内科血管内超声室主任,1999 年 4 月回国。现为复旦大学附属中山医院心内科主任、心导管室主任,上海市心血管病研究所副所长,复旦大学干细胞组织工程研究中心主任,教育部长江学者奖励计划特聘教授,2007 年当选美国心脏病学会(ACC)国际顾问委员会委员。

在国际杂志发表了 300 多篇论文,SCI 收录 122 篇,被 613 篇外国文献引用。主编有关著作 2 部,其中 1 部在国外出版,参编专著 16 本,参编多部教材。

其他社会职务、所获各种称号及奖励从略。

个人感言:

"天时、地利、人和是成事的主要因素,'人和'是最主要的条件。我将用诚信取得同事的支持和病人的信任。"

□**记者手记** 葛均波的幸福感似乎无处不在。在如影随形的两天采访中,我们时时感受甚至沐浴在他的幸福中。在物欲横流的时代,人们的心态被搅乱,浮躁之风随处可见。葛均波,一个正在把事业做大做强的人,其幸福观不是让人在茫然中生出启迪吗! 当我们的生活、我们的人际关系变得越来越错综复杂的时候,我们对于真诚、信仰的要求也就越来越重要了。我们总是不停地为正直的胜利而欢呼,这固然是为了我们内心深处对于正义的渴望和期盼,更是一种对唯恐丢失的精神捍卫——当代人多么需要建立起健全的人格价值体系。葛均波的可贵在于他以本色天性直面人生,守住做人的根本,能苦能乐,敢笑敢流泪,泰然自得,活出自己的颜色,这不能不说是一种人生境界、人生智慧。他说,我这个年龄该获得的荣誉我都获得了,我没有做多少事情却给我这么多,我觉得我欠国家许多。感念生活,感念他人,葛均波总是怀着一颗感恩的心,他怎能不总是幸福快乐的呢!

真诚可信赖是一个人最重要的品格

如果不是他细声慢语到了喃喃自语的地步,显示出他儒雅甚至有些腼腆的一面,葛均波绝对有着符合北方汉子的外表。

当你用心去感受葛均波的心灵时,从精神、从骨子、从血脉体味他内心的力量和追求时,他真诚的眼光里,他动情时发红的眼圈里,无不倾泻出的那种率真和柔情,有时让人感到惊讶。的确,他是个情感富有的人。一次,他在飞机上看了《天下无贼》的碟片后,心绪难抚,挥笔写下了观后感《一不小心,泪流满面》,为剧中人傻根"人性最真诚的眼神,不禁鼻子一酸,掉下泪来……"现实中他曾因介入心脏手术救了一老者的命,病人的老伴"扑通"跪在了他面前的情景令他泪下。旁观的一位医生为之动容道:"做医生做得像你这样,夫复何求。有这样一次就值了。"采访这天,他的手机刚刚收到一个自称"永不忘记您的人"的短信,向他表述感激之情。其父是一例心脏左主干完全闭塞的病人,在其他地方行冠脉介入手术没有成功,前一天,葛均波很成功地完成了这个病人的手术。"即使没有收到这样一条短信,完成这样一例手术我同样觉得非常幸福。"

葛均波说他一生顺得不得了,没有遇到过挫折和打击。如果说有什么小的不顺,那就是 11 岁时跌坏了左臂,医院处理不当,直到 3 个月后,才被一位 90 多岁老中医得当医治,但留下了左臂不能伸直的残疾。"不影响我做手术,只是不能打排球。"这件事竟铸就了他日后走上学医的道路。他说他一生总遇到好人,无论是中国的导师还是德国导师,不仅在学业上指导帮助他,在生活上也关心他。1987 年结婚时,山东医科大学的导师杨亚超教授给了他 60 元,"那时的 60 元啊!"

于是葛均波对师长好,对同行、同事、下属好,对病人好,他认为真诚可信赖是一个人最重要的品格。他呼吁社会应该建立一系列诚信机制,尽管可能很不容易。他自己展示给人的正是这种坦荡宽广的胸怀和善待他人的人格魅力。

"概括一下,你是个什么样的医生?""一个很好的心血管医生。我尽量做到,对任何人都真诚,对任何事都公正。在国外我所见的即使是一位大街上的清洁工,对自己的工作都充满激情。这让我感动,这正是我所信奉的,在其位,谋其职,用激情对待工作。""你觉得你人格魅力的核心是什么?""真诚。办任何事都要尽力,把别人的事当自己的事干。"葛均波毫不犹豫地回答。

一身正气,德才兼备

院长王玉琦教授称赞葛均波一身正气,在他所见过的同年资医生中是出类拔萃、德才兼备、文武双全的,他是中青年医生的榜样。葛均波的导师陈灏珠院士称赞他所做的一切都是为了解除病人的病痛。著名心血管专家诸骏仁教授则赞叹他山东汉子耿直豪爽的禀性,称他广纳贤才,使中山医院心内科在国际上具有竞争力。从事心血管基础研究,在日本工作了 13 年,被葛均波"挖来"的邹云增教授只用"仁义"、"目光远大"这两个词,评价这位有知遇之恩的同乡。和许多人都公认的一样,心血管研究所中心实验室主任邹教授说,没有多少医生像葛均波那样把临床和科研放在同等重要的地位。邹云增回国后,葛均波千方百计让他生活、工作得舒心,无论是科研经费还是设备都争取创造了与日本同等的条件,还帮助他树立威信,加之个人实力,回国仅一年的邹云增不但已成为复旦大学特聘教授,还成为继葛均波后,中山医院第二位教育部长江学者奖励计划特聘教授。说到葛均波,心研所副所长、心外科主任赵强教授由衷赞佩,一下总结出好几条。概括说来,他眼中的葛均波为人很正直,富于团结精神和个人魅力,学术和管理能力都是一流的。心脏移植等不少心外科项目是在葛均波的毫无保留的帮助下上的,他是一个非常好的合作伙伴。2003 年,葛均波遇上了一例非常严重的三支病变病人。他和赵强协商制订出了一个"杂交"治疗计划,即先由赵强作一个小切口,在非体外循环下取乳内动脉进行冠脉搭桥,而其他的血管一周后由葛均波做介入安置支架。内外科手术都非常成功,被媒体誉为"救心双雄"。这种心脏内外科合作的方式也是未来的发展趋势。

"在快速爬坡中,他像一个发动机,我们是助推剂。""他是我们的师长,但更像是兄长!"

心血管研究所中心实验室原主任王克强教授、孙爱军博士,导管室冯祺护士长等人评价他,讲究团队精神、人性化管理。葛均波认为,与世界接轨靠一个人是不行的,必须靠一个高素质的团队。人们说,他注重梯队培养,尊重老教授,引进带头人,提携后来人。科里人只要想做事,葛均波都帮助联系地点、筹集费用,派其出国学习、进修,让每个人最好地发挥自己的特长。葛均波引入的人才、从事电生理的刘少稳教授说:按有些人的观念,葛教授一个人在这里干得挺好的,干嘛还要引进跟自己抢饭碗的人;虽然专业不一样,但是心律失常方面研究弱一点不是更好领导吗;但是,葛教授不一样,他心胸很开阔,大局观强,目光放得远,他希望能推动整个科室往更高的方向走,各个方面都要加强,强强联手,才能在国际上进行更高层次的竞技。

葛均波 : 行走于真诚间的别样幸福

MEDICINE

这几年心内科就像处在一个快车道上,快速爬坡,葛教授就像一个发动机,而我们就像助推剂。

他有发脾气的时候,但事后他会道歉。同时他又很心细。谁家里出了什么事他不但给假,还给路费;谁家有问题解决不了,他亲自打电话帮人解决;只要在医院,他为科室同事主持婚礼,哪怕是一般的工务员;谁要生孩子、谁子女要升学考试,他都过问;他要有关人员为每位过生日的员工送上鲜花,并形成制度;逢年过节到病房看望病人和值班的医护人员,大年初一请同事到他家聚餐已成为他的常规;哈尔滨将停水的消息传来,一位哈尔滨来的博士后接到葛均波从天津出差打来的电话,询问他是否应将妻儿暂接上海,使这位东北医生感动不已。葛雷博士说,葛主任做人诚实,做学问谦卑。一次他们同台做手术,他犯了一个错误,下台后他向葛均波道歉,葛均波安慰他并主动承担责任。"他常对我们说,做冠脉介入的是'常在河边走哪有不湿鞋',关键在于如何去解决,如何去避免。出问题他总是承担一部分责任,而不是将责任全推到同事和下属身上。我觉得他是师长,更觉得他是兄长,他总是那么关心我们。"葛雷在意大利米兰进修时,一名南斯拉夫同行问他"你认识葛均波吗?他很有名的!""他就是我的导师啊!"葛雷自豪地回答说。曾有一位博士后因种种原因不能留在葛均波身边工作,遗憾地说,只要能留在葛老师身边工作,哪怕做个工人也可以。

结合介入治疗和干细胞治疗是葛均波小组的强项,但他不想独占,他考虑的也不仅是中山医院这一领域的水平,他希望中国的心血管界强大;他组织两次全国有关心血管干细胞治疗的会议,为的是交流进展,使此技术开展得更规范。他紧跟国家的要求和学科的发展趋势,与其他单位合作建立了多个平台,如蛋白质组学、医学物理和干细胞组织工程中心等。左主干慢性完全闭塞(CTO)是冠脉介入技术上最具挑战性的病变,葛均波在这方面的技术已得到国际承认。他是国际CTO俱乐部,全球31名专家中唯一的中国人。2007年6月,在葛均波的提议下成立了中国国际CTO俱乐部(International CTO Club China)。高润霖院士任主席,葛均波任秘书长。俱乐部旨在通过交流,提高CTO学术和操作水平。有关专家称这是一项开拓性的工作。

葛均波说,回国5年多来,他几乎跑遍大江南北,北到大庆,西到乌鲁木齐,南到南宁,去义诊、讲学,为当地培训医生。他利用自己国内、国际的社会和学术方面的地位,呼吁国家多为西部地区医生办培训班,并恳请经过培训的医生要为西部作贡献;还每年推荐 5 名中国同行去美、德、奥、荷等国进修,并为他们寻找导师,考核他们的成绩。他同样关心护士工作,改善她们的工作环境和条件,支持她们读本科,支持她们到全国性的护理学术会议上发言。冯护士长说:"我从没想到能到这种大会发言,我能行吗?"葛主任鼓励她说:"你肯定能行,我去给你助阵。"

"做医生最重要的品质是把病人当自己的家人","他做手术从不轻言放弃","我在中山医院工作了 20 多年,没有见过这样的医生!"

旁观葛均波在高级专家门诊出诊是温馨的。第一位病人是一个葛均波曾为其做过支架置入手术的 81 岁老太太。问完病史,葛均波说听听心脏。老人忙不迭地脱衣服,他连忙制止:"不用,天凉,敞开衣服就可以听了。"听完心脏,他蹲下来,用手按着老人的脚踝查看老人下肢的水肿情况。然后又不厌其烦地向老人讲解着什么。这一切都做得那么自然,似乎已重复过千遍万遍。老人也曾是医生,等葛医生的门诊已两个月。"我只相信葛医生。"老人动情地操着上海话说了好多,我们只听懂了这句。一次,一位老红军一定要葛主任做介入手术,可恰好葛均波腰椎间盘突出的病犯了,躺着不能动,他坚持叫人抬着他到导管室,在屏幕下指导手术。这样的事有过多次,有时紧要关头,他便硬撑起来,亲自动手操作。几乎我们采访的每个人都提到了他这些令人怦然心动的事。冯护士长激动地说:"我在中山医院工作二十多年了,没有见过这样的医生!"内科副主任钱菊英教授说,病人多了,有时我都烦了,可他总是那样耐心,看病人会用很长时间,尽量为病人解决问题。人们说,解决不了的医患纠纷,只要葛均波去了,总能化解。葛均波认为发生医患纠纷主要还是我们没有和病人沟通好。张峰说,别看葛主任脾气急、办事快,和我们交代什么简单明了,但对病人非常耐心,一讲好几十分钟,有时连病人都惊叹,这是谁,这么耐心呀!他做手术的耐心也让人佩服,有的情况,我们觉得应该放弃,换别的方法,他仍坚持再试试。他说如果试过去了,病人就不用再到外科做手术了。他这种"不轻言放弃"的精神是我们学习的榜样。在冯护士长的手里,有一个"红包登记本",里面记的是推不掉而上交医院的红包数额、病人姓名、日期等。大略数来有上百笔,金额数十万,还不算已推掉的。这是葛均波来了以后形成的制度。现在科里做介入手术的医生都会自觉把红包交上来。为了病人,他勇于开拓,敢于担风险,在上海地区建立了首个急性心肌梗死"绿色通道",开创了上海市 24 小时急症 PTCA 的先河。"绿色通道"开通以来,已成功救治数百例急性心梗病人;他不但在国内率先开展冠脉高频旋磨术,还开创了国内首例经桡动脉的门诊病人冠脉造影。"做医生最重要的品质是,真诚待人,把病人当自己的家人。也许最终不是任何事都办得成,但是努力过,尽过力就行了。"葛均波对我们说。

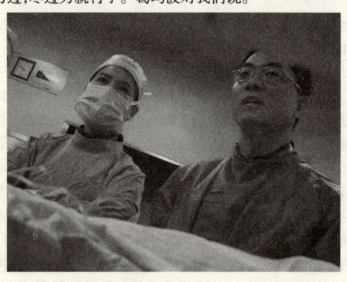

"我发现'半月现象'完全是偶然的。"——其实,从哲学的角度来看偶然是蕴涵在必然之中的;他具备一流"猎手"的所有素质

葛均波绝对属于天资聪颖的人。他是在初中无休止地练功、参加校宣传队演出,没怎么上过课,而高中只读了一年的情况下,16 岁考上了青岛医学院。毕业时,他以五年总平均分 95.2 的优异成绩,将第二名远远抛在近 6 分之后。1997 年,在德国读博士后的葛均波在心肌桥的研究中作出卓越贡献,引起国际学术界的高度重视,这一重大发现从此改变了对一些类型心绞痛的治疗措施,这一发现被学术界称作"半月现象(half-moon phenomenon)",是年他仅 35 岁。现在,血管内超声图像上的"半月现象"已作为心肌桥的特异性诊断指标。3 年后,葛均波提出 β 受体阻滞剂可改善心肌桥病人的缺血症状,而硝酸甘油则加重缺血。这些都已被写入我国七年制《内科学》教材。1999 年，葛均波举家返国，担起上海市心血管研究所副所长、中山医院心内科副主任、心导管室主任的重任，那时他 37 岁。

再三追问"半月现象"发现的过程和细节时，他的回答只是两个字"偶然"。他说那是一个周末的上午，虽然是德国法定的休息日，但是就像许多勤奋的中国留学生一样，他还是像平时一样来到他所在埃森大学医学院心内科实验室分析资料。忽然间，他"看见"了一例心肌桥病人血管内超声图像上的低回声或无回声的半月形暗区。当然，当时的他并没有意识到这是一个多么了不起的发现。出于科学工作的严谨，他找出了原来所有的资料重新进行分析，结果真的是每一例心肌桥病人的图像都存在相似的"半月现象"！

"半月现象"发现后，赞誉纷至沓来。葛均波的文章被 *N Engl J Med*、*Circulation* 和 *Eur Heart J* 等著名杂志引用。2005 年 6 月的 *Eur Heart J* 发表了著名心血管病专家、美国梅奥医院 Rihal 等撰写的一篇关于心肌桥的综述，里面大段大段地引用了葛均波的文章和图片，总共 4 张图片中有 2 张是葛均波的。Sanchez 等发表评论说："葛均波等首次发现'半月现象'，对心肌桥诊断具有高度特异性……葛均波等是应用血管内超声检测心肌桥的先驱……葛均波等在心肌桥方面的新发现可用来指导对该病的治疗，就是说，如果临床上采取手段改善这种血流动力学状态就可以改善临床症状……"

一个重大的发现是在某一个周末的上午被"偶然"发现的吗？其实从哲学的角度上讲，所谓的"偶然"是蕴藏在必然之中的。因为至关重要的历史机缘在科学家的一生中是不常有的，稍纵即逝的猎物只偏爱有充分准备的一流"猎手"。这也是之所以一个苹果就造就出牛顿的原因。王玉琦院长说我最欣赏的是他不怕苦、不怕累，一心扑在工作上的精神。他的基本功好，基本理论、知识和技能都过关，只有基础好的人才有可能成功。陈灏珠院士说葛均波是个愿意挑战复杂问题的人。诸骏仁教授称他是一个不以名利而以学术为重，扎实肯干的人才。同事们称，葛均波个人性格非常强势、不怕困难、精力充沛、意志坚强。他目光广阔、头脑敏锐、学术上有前瞻性和开拓创新性、治学态度严谨。当年，他向导师提出回国时，导师急得满脸通红。"假如你有漂亮女儿，你不会希望她在家里嫁不出去吧。你培养我肯定希望我将来有自己的一片天地，为你争光，而且国家培养我这么多年，也需要我。"这些不都是作为一流"猎手"具备的重要素质吗！

好猎手和天意

2005年10月20日,对葛均波来说是一个难忘的日子。在这一天的经导管心血管治疗(TCT)会议上,第一次通过卫星向远在美国华盛顿的主会场直播了中国上海中山医院心导管室的三个手术病例——室间隔缺损(这也是TCT第一次直播室间隔缺损介入手术)、冠脉支架内再狭窄、左主干慢性完全闭塞(CTO),都获得了圆满成功。这是中国内地第一次手术直播至美国TCT会议现场。三个病例中尤以CTO病变最为引人注目。当葛均波介绍该例病人的冠脉造影结果时,会议主场的所有观众都对此极具挑战性的手术表示出极大的兴趣,其中也不乏怀疑的目光。因为CTO病变是目前冠脉介入治疗中的难点。在手术过程中,葛均波曾试图使用引导钢丝通过左主干闭塞段,但多次尝试均无法确认钢丝是否在血管真腔内,遂采用"对吻导引钢丝技术",经右冠远端供应前降支的侧支血管,把一根导引钢丝经侧支血管置入间隔支,然后逆行操作引导钢丝通过左主干闭塞段,该引导钢丝遂做一定向标记,经左指引导管顺行放入另一引导钢丝通过左主干闭塞处至前降支远端。当时主持会议的美国加州Scrips医院介入心脏科主任Teirstein教授连声感叹:"Amazing! 中国人是怎么想的,怎么会想出这样的做法!"这次直播的巨大成功让葛均波兴奋得一夜难以入眠。

事后,每当回想起这次直播,葛均波都会感叹这是"天意",是老天让世界来认识中国介入界。但是,对于一个"好猎手"来说这难道仅仅是天意吗?面对一个国际公认的难点,又有那么多人在大洋彼岸观看直播,主席台上的十几个主持专家都在七嘴八舌地出谋划策。这是一个多么需要平时扎实的基本功和临场心理素质的时刻! 回放当时的录像和照片,我们看到,葛均波在整个手术过程中始终面带着微笑,通过屏幕他不时和远在主会场的、风趣的Teirstein教授讨论。无疑,这是一次非常成功的手术演示,表现出了中国人的技术,也表现出了中国人的风度!

娓娓道来,至今仍激起葛均波心中层层涟漪,这一刻,幸福氤氲开来,充溢在说者、听者心灵的每一个空间⋯⋯

也许我们无法避免人生中的苦难。《论语》的精华之一就是告诉我们,心灵的力量是无穷的,如果你用不同的心态来对待生活中的缺憾和苦难,你就会拥有完全不同的人生!

——摘自《于丹〈论语〉心得》

从自身挖掘抗衡苦难的精神力量,激发出的是智者创造力的喷薄而出。

——采访札记

贾继东:历练双重博弈

郝新平

贾继东,中华医学会肝病学分会主任委员,中国中西医结合学会肝病专业委员会副主任委员,中国医师协会消化医师分会执行委员,中国肝炎防治基金会专家组成员等;《中华肝脏病杂志》副主编及国内外多家杂志的编委或审稿专家;亚太地区肝病学会(APASL)执行理事,欧洲肝病学会(EASL)和美国肝病学会(AASLD)会员;现任首都医科大学北京友谊医院肝病研究中心主任,北京市消化病中心副主任,首都医科大学消化病学系副主任;获卫生部有突出贡献中青年专家称号,享受国务院颁发政府特殊津贴;为北京市"科技新星计划"、"跨世纪优秀人才工程"、"百千万优秀人才工程"入选者;任北京市政协委员和北京市青联荣誉委员。多年来,发表论文近百篇。参加编写数部医学专著,已培养博士、硕士研究生9名。

有一种魅力,使生命的张力被演绎得如此精彩和厚重。

初识贾继东是去年(2005 年)。短短二三十分钟的采访,留下颇深印象——这是一个有哲学气质的人！我曾暗忖。这是以往我采访过的人当中少有的。

引　子

的哥是个大嗓门、性格豪侠的壮汉。车载音响音量拧到山响,不知是谁在唱《冬天里的一把火》。"一把火!"他不时地跟着吼两嗓。冬日里,这一把一把的火,把人烧得热乎乎,何况在这狭小的两人空间里,你没法不面对多话的另一位了——"友谊医院是看病吗?""不是,看病背什么摄影包!""噢,是拍医院吧?""不,是拍一位医生,一位腿有残疾的医生。""残疾人还能当医生?!"他十二万分地惊讶。"腿有残疾又不影响给人看病!"的哥关闭了音响,沉默片刻后缓缓地说:"那一定是个好医生,对病人好,瞧病水平高。哎,还得是个老大夫。医生和律师一样,越老越吃香,有经验了呗。""你只说对了前一半,他才 40 出头。""不容易! 不容易!"摆着头,他连连发出啧啧声。

对于贾继东这样一位医生,即使你并不认识他,甚至连他的事迹都不了解,仅凭他腿有残疾,就让大多数人感叹:这样的医生,让人有什么话说呢?除了称赞。在国外,坐轮椅参加学术会议的外国医学专家我们也是见到过的,很寻常。这是后来贾继东说的。

一流肝病学专家和乡村营业员

只道是寻常的事在我们这片土地上就不一定了。

记者(以下简称"记"):可以这样认为吗,这其实应该算是你的一个机遇。一个成功人士的路程没有固定的模式,但有三条是确定的:聪明、勤奋加机遇。机遇有时甚至是至关重要的。如果不是你的残疾,当年你父亲的单位,山东单县那个乡供销社领导接纳了你接班,今天中国将少了一个一流的肝病学专家,多了一个乡村小营业员。

贾继东(以下简称"贾"):对,那是一个机遇。那个时候谁不想招工。人生就是这样,塞翁失马嘛,谁也不愿意失,尽管谁也不知道得的是什么。

记:上了大学后还有什么挫折吗?

贾:还比较顺。说实在的很有意思,我没有上过一所名牌大学,也没有在最大的医院工作过。然而,济宁医专虽是专科,却是专科里面最好的。我实习的医院是济宁地区人民医院(现更名为济宁市人民医院),那个医院曾是山东省第三人民医院,比其他地区级医院要好。很多英语、日语都很好的老大夫、老教授是从省里去的,他们对我影响很大。毕业后分配在单县中心医院,也不像是一般的县医院,那里历史传承很好,原名为湖西专区医院,有不少因政治因素从大城市来的老大夫,他们有学问有本事而且医德高尚。医院图书馆虽然不大,但该有的书都有了;外文影印版教科书、杂志很多,我愿意看,他们就多给我订。直到现在有些市级医院也不一定能做到这些。后来去兰州医学院读硕士,尽管学校直到现在排名也不靠前,但是他们的研究生英语教学非常好,我是当时外教 Karina 的得意学生之一。

记:你的思维和价值取向总是与众不同。

贾:当然了,那是得怎么看了,是不是。毕业分配是个小县城、读硕士是在大西北,但是都有其独特的优势。就像一瓶水,剩下半瓶,乐观者说,我还有半瓶呢;悲观者说,我只剩半瓶了。说实话,首都医科大学(首医)比起北京大学医学部(北医),某些方面还是有一定差距。当时我也考上了北医的博士研究生,但最后选择了首医;要是去了北医,可能和别人一样,毕业以后就出国了,也许至今还未回来。

记:现在回过头看怎么样?

贾:当年我们读研的时代是以出国为唯一出路的。万般皆下品,唯有出国高。能出国是最大的成功。那时,我就和别人的想法不太一样,我和几个朋友常说,出国不归不一定就是好事。现在看,当时我们是对的。出去的人现在有不少想回来,年龄越大,越想回来,老在人家手下干,心理上肯定受不了。我关注别人不关注的细节,我也选择了与许多人不一样的选择。当然了,这也是受王宝恩教授的影响。

和屈辱同在的是刚强

1964 年,2 岁时,贾继东因脊髓灰质炎致右下肢功能障碍。对这个被他视为此生最大的挫折,贾继东的评价是"从某种意义上改变了我,有和没有是不一样的。"

目光深邃、面庞清瘦的贾继东,眉宇间两道刀刻般川字纹是他标志性印记,一生的经历仿佛都深深地镌刻在里面。

15 岁时,正读高中一年级的他即被允许参加 1977 年的高考而且过了分数线,但因为残疾,未被录取。之前,父亲单位专门照顾职工子女进行的内部招工,亦因为同样的原因,大门向他关闭。歧视、偏见带来的痛苦是健全人难以体会的。"既然不让咱顶职,就要好好学习。今年高考不录取,明年再努力。只要成绩好,将来总会派上用场。"父母不仅在做人上要求儿子做到完美,而且在学习上也同样要求他做得更好。更重要的是,正直善良又严厉的父亲和追求完美的母亲,在贾继东遭遇人生困顿时,和儿子共同担起构筑重建人生自信的重任。拼命地学,使贾继东在很短时间里掌握了比别人多出好几倍的知识量。1978 年的高考,他的成绩超过了本科录取线,可他报考的第一志愿本科大学还是没有接纳他。不过,第二志愿山东济宁医专向他敞开了大门。30 年后的今天,仍然可以感受到贾继东对母校深深的感恩之情。因为命运就是从那一刻发生了逆转,将贾继东引入了一条耀眼的崭新轨道。

记:你曾经为你的残疾沮丧过吗? 沮丧到什么程度?

贾:这是一个变化过程。

记:这个变化中,谁或者哪一方面起了什么作用?

贾:我想在上大学之前,沮丧和自卑感都是很强的。

记:这个是不是激励你的动力之一呢?

贾:只能说是之一吧,是潜意识里面的。上了大学以后变化还是很大。这是个世界观塑形期。知识可以改变你的一切。西方几百年前就启蒙了这个东西:人人平等和对人的关爱。在那里,残疾人得到正常的对待。而中国虽然讲究儒家、道家的思想,但是没有真正做到这些。所以说我是幸运的,我能上大学,虽然是专科,就很不错了。因为假如学校不录取我,我是一点办法都没有。这得益于社会相对进步。

记:选择医学和你的残疾有关系吗?

贾:有关系,肯定的。因为这个专业对我的身体情况没限制,起码从理论上是这样的。

记:到现在为止,谁对你的影响最大?

贾:小时候,是父母,教会我自尊自立,对别人关爱宽容;学术上是王宝恩教授。他是一代名家,是他把我带入这个专业领域和学术圈子。在专业学会工作中是庄辉院士,他知识渊博、治学严谨,坚持原则而又虚怀若谷,而且对我们这一代年轻人严格要求、热心扶植、大胆使用。可能有人比我更聪明、更努力,可是没有机会进入到核心学术圈内。所以说我很幸运。

记:遇到你的恩师王宝恩教授真是你的一大幸运。天时地利人和你都占尽了。

贾:真的是这样。

机遇是外因,起主导和决定性作用的还是内因。回顾和考量那段岁月,没有什么能够阻挡一个残疾青年奋发攀岩的脚步,其智慧、勇气、视野和胸襟,无不阐释出不凡的高度和厚度。

王宝恩教授:这个人很有才,很刻苦!

经历的反差是显而易见的。正如他的博士生导师、著名内科学专家王宝恩教授回忆说:“他的大学学历不是很高,这我不去管。因为面试发现他业务比较强、英文不错。毕业于济宁医专,他的英文绝不是在那个课堂上培养出来的,可见他自学学得好。聪明是先天的,后天呢,是他的勤奋刻苦。”

上大学前,对贾继东来说连英文字母都几乎是天书。可读研前,他已经可以读英文专业文献了。即使现在,这样的人也并不多见。在王宝恩教授这里,贾继东获得更多与外界交流的机会,英文水平又获飞跃。不久,导师就给他机会做外宾翻译。后来,他多次在王宝恩教授主持的国际肝病会议上做同声翻译。因为翻得好,反应敏锐,以至于成了业内公认的高水平英文翻译,一旦有相关活动就找他去。

英语这一重要工具为贾继东在医学专业道路上驰骋插上了腾飞的翅膀。几年里，他读遍了国际上最著名的三大肝脏病学专著，并经常浏览国际上水平最高的自然科学、内科学、胃肠和肝脏病学杂志，紧密跟踪本专业发展前沿。在王教授的率领和指导下，他参与的肝纤维化的可逆性研究获得国家科技进步三等奖、北京市和卫生部科技进步二等奖，并发表论文数十篇。

在德国学习期间，贾继东发现，原发性胆汁性肝硬化、自身免疫性肝炎等非传染性肝病，在西方国家研究得很深，但在我国长期未受到重视。这一疾病引起贾继东研究的兴趣。因为他发现，非病毒性肝病在中国的发病率远比以往我国医学界估计得要高。通过深入学习国外诊断标准和治疗指南，他认识到过去没有发现的病例可能是漏诊。几年来，他和同事诊断出越来越多的病例，发表相关论文多篇，得到国内学术界的认可。他还经常应邀出去讲课，非传染性肝病已经成了他的专业特色之一。

王宝恩教授在概括贾继东第二大优点时认为，在学生时期，贾继东就表现出知识面宽的优势，加上英文好，他能比较快地掌握国际上的新东西、新动态。他还有一个特别的长处：能很快地将国外这些新东西兼收并蓄，简明扼要地排列出一二三，思维敏捷、条理化，让人看得懂听得懂。"非病毒性肝病的工作，他做得很好，在病房用英文讲，院外也讲，他因此被肝病界认可。可见英文这个武器的重要。""他是个文人，也就是说，他中文也很好。他是参与编写《乙型和丙型肝炎指南》的 4 个人之一，负责治疗部分的编写。他能够把美国的指南，欧洲、亚太地区肝病学会的指南很快地阅读消化，再写出一个我们国家的治疗指南。在庄辉院士和翁心华教授的主持把关下，他们最后把一个很长的指南缩减到一万字，写得很好，既反映了国际上的进展，也反映了国内的意见。"贾继东得到同行的广泛认同，在担任了 4 年的肝病学会副主任委员后，于 2006 年初当选主任委员（时为中华医学会同级分会中最年轻的主任委员）。"这是水到渠成的事情。"王宝恩教授说。

庄辉院士对贾继东的评价很多地方和王宝恩教授一样。他强调的一点是，贾继东为人正直、平和、不张扬，尊重老一辈专家。他知识更新快，热心学会工作，办事稳妥周到。他在年轻一代中是很突出的。

王宝恩教授说，贾继东表达能力很强。他的同事和学生说，他的课很受欢迎。"这和我们在这一学科的国内领先地位以及他本人在学术上的优势，还有他的优良学风有很大关系，他从不照本宣科。此外他的幽默是吸引人的另一大特点。他在首医担任三个教研室课程，其中医学英语和免疫学被评为北京市精品课程。"人们说，同样的课，贾继东会多次应邀演讲，但每次他都尽量重新整理幻灯片，更新和补充国内外新的信息。

为了亲身感受这些，记者找来一张现场录制的解读《慢性乙肝防治指南》的多媒体光盘。题为《循证医学基本原理及其在临床肝脏病学中的应用》，40分钟的讲演，讲台上的贾继东一气呵成，妙语连珠。他思维敏捷、理论严谨、条理清晰、逻辑缜密，仿佛一台操纵词语的机器，瞬间释放，专业和理论术语便挟裹在充满洞彻力的见解中倾泻而出。比如他说，"医学是一门艺术"，"循证医学不是革命口号、不是时尚外衣"，"《指南》不会使你成为名医，但是能避免你成为庸医！"在这样的语境盛宴中领会《指南》，并获得多方面的启迪，不能不说是享受。一个游刃于医学界的科学家竟有如此口才！

和贾继东对话，感觉是：与智者思想的对接——涉及医学和人文的多个方面，其中暗涌着思辨，充满着哲理和智慧的人生感悟。专业学术实践造诣高，且能创造如此语境的人必定学养丰厚。

洞察并穿透"细微"方能高屋建瓴

贾继东说："虽然我在济宁这么小的地方读书，后来又到一个县城工作了几年，但我一直能看到别人都忽略的东西。并善于从中汲取营养，为己所用。"恰恰是这个优点造就了他的高人一筹。他说从爱看书、会看书中得益多多，尤其是英语书。那种认为"中文的东西还看不完，还看什么英文资料"的论点是不对的。他常常告诉他的学生，拿英语学医学。因为学西医，中国多是从外国引进的，中国总是慢半拍。要看国外最新的教材和杂志，积累知识、经验，学习思维方式。"内科医生就是这样，只要想提高，是没有人能阻挡你的。"他用航海和航海图的关系来比喻念书和看病的关系：只看病不念书就像一艘没有航海图的船在茫茫无际的海上随波漂流，只念书不看病就像一个人拿着航海图仔细研究但根本不去出海航行。这就要摆正理论和实践的关系，要找到一个平衡点。他还把视野投向专业以外的地方。很早，他就深谙沟通表达的重要。他注意中文写作的语法、修辞。这些对后来他写论文、改文章、起草指南很有帮助。早在大学时,他就研读过北医王志均教授关于如何写参考文献的文章,"那个年代很少有人关注这个问题。不注意科研写作的一些细节方面";别人很少看《医学与哲学》杂志,他看。从介绍医学史、国际医学教育的背景进展等到国内外名家的访谈中,他参悟到很多专业之外的东西——名家的经历、思维方式、治学方法甚至分析疑难病的思路;文章中介绍的方法学、基本原理,虽然都很零碎,甚至都是细节,他捕捉并吸纳过来,在日积月累中他开阔了视野、丰富了知识面。

贾继东说"我们中国人大多不重视演讲学的知识和技巧。20世纪90年代初,我就开始注意这方面了。所以我讲课和做报告一直比较受欢迎。"这还得益于对英语的钻研和领悟。他说,英语是非常讲究逻辑性的。在一次次为欧美专家做翻译和参加国际会议中,他学习掌握他们逻辑性强的沟通表达和演讲方式。"这些过去或许现在仍没人关注的东西,往往是使你和别人不一样的地方,是使你在一定水平上前进一步的东西。"别人不知道、不了解的时候,你知道了、了解了,怎能不使你在同一起跑线上比别人跑得更远呢? 正因如此,在鲜为人关注的、疑难的非传染性肝病诊治方面,贾继东带领自己的团队,在国内引领前列。

魅力感召

副主任、从美国回来的尤红博士,说起她的大师哥由衷地钦佩:"我回来是受了贾主任和王宝恩教授的感召。他们两位都很有人格魅力。贾主任继承了王院长的不少优点,包括学术学风。"在尤红回来前,贾继东已经为她想了很多,除了回来后的工作怎么开展、位置怎么摆,征求她的意见,甚至住房问题也替她从医院争取解决了。对回国人员,贾继东都亲自去机场迎接。尤令尤红感动的是,自己回国当天正赶上北京2003年11月那场突如其来的大雪。雪大得压断了很多大树的枝干。飞机晚点,除了家人外,只有贾继东捧着花迎接她。机场高速路都封闭了,回来的时候也很费劲,可"他的腿脚不好啊!""他从来都不把自己当残疾人,我们也不感觉他是残疾人。给残疾人发的补助,他从不领。"

对下级、学生,贾继东在业务上给予他们既严格又宽松的指导,为他们创造各种机会。让年轻同事感到跟着他干有希望。同时,他也从不排斥外院和自己年龄相仿的同行。每周一下班后,学生都与他聚在一起,就临床和实验室遇到的难题向他请教。大庆市来的硕士研究生张颖说,在临床上碰到一个比较难的病例,他会让每个人先发表意见,最后他再分析下一步应该怎样做。课题出现难点,他会说,下次你做时我盯着,看到底是哪一步出现问题了。他对培养学生专业英语非常重视。张颖之前不会看英文文献,他要求他们在看国际最新最先进的东西时,一定要看英文的。分配给学生翻译的文章他都亲自给改。跟他出门诊能学到很多东西,他诊断的思路清晰,给人很大启发。尤红说,他的那种包容性,就是能够认同不同的意见和见解。有的学生提出了自己想做的选题,与他开始给订的不同,他支持,这是很少见的。在做基因治疗研究的时候,他能够让我按自己的想法做。他的学生,因为病历书写出的问题,医院罚他 1000 元,贾主任说奖罚分明,罚你是因为你犯错误,这钱你掏。但是因为你家里比较困难,罚了你的我支援你。贾主任拿自己的 700 块钱给了这个学生,同时又罚自己 1000 元。只要出现什么问题,他总是罚自己罚得最多。他就是这样严于律己。

贾继东认为,自己培养研究生是个不断向王宝恩教授学习的过程。王教授的一个重要特点就是寓教于做,就是培养学生的动手能力,不能只会读书,要在做的过程中,获得知识和能力。他在给他的研究生的课题或任务中,还让他们学习写作和演讲的能力。贾继东反复强调,一定不能学术造假。"我告诉他们,我们可以没有发明,或者是大的发明,但是绝不能造假。人的水平有高有低,但要实事求是,我绝不会逼你们写出达到我的所谓目标的文章。""在道德水准,为人处世方面,我以自己的言行影响他们。就是不仅教书而且还要育人。如果教出来的人学术水平很高,但是做人不行,或有重大缺陷,这样会影响他的发展,这也不是一个完善的人才。"

贾继东认为,做人最基本的是诚信。对人的宽容和关爱于医生来说尤为重要。他说不管你是学会主任委员还是普通临床医生,从职业道德和社会责任感出发,在人民需要用你的专业知识去帮助他们时,就应该义无反顾、旗帜鲜明地站出来。在解决"乙肝歧视"问题上,他和其他专家一起在多种场合仗义执言、大声疾呼,努力从科学和人文关怀的角度来消除公众和社会对乙肝病人的误解、恐惧、偏见。2007 年,他还将继续促进学会和其他兄弟学会联合,在全国组织开展正确认识乙肝,消除歧视偏见的大型活动并继续进行全国性的《指南》推广。为保证学会学术活动独立、公正,他将带领学会采取种种举措规范药厂行为确保学术不受其商业影响。他提出要改革和优化学术会议的形式和内容,制定培养肝病学医师的各项措施,如举办高级研讨班,请国外专家讲课。他深感现在一些年轻医生写作水平欠佳,包括逻辑、思路等方面都有待提高;他提倡学术会议上的演讲者严格掌握报告时间,不论新老专家都应遵守。他提出,要通过讲座等,提高临床医生的医学写作水平,提高专家级医师演讲水平等等。另外循证医学,也需要加强培训。其最终目标是按照与国际接轨的方法培养肝病专科医师。

"挂你的号,就是想见见你,和你说说话"

尤红、张颖说,不管是门诊还是住院病人,贾继东在诊断后总是能够根据病人的实际情况,站在一个公正客观的角度,建议病人如何治疗,并且向病人解释为什么这么选择。对门诊病人,还要建议他们可以听第三方意见。他从来不以自己在这类病的诊治上是权威而否定别人的意见,也不计较别人否定他。在每周两次的出门诊时,贾主任一上午要讲那么多话,可一口水都不喝,一是没工夫,二是怕上厕所。常常到了中午,挂号室都下班了,他还给没号的病人看病。他老说,病人来一趟不容易。对一些长期随诊的难缠病人,谁都不想接诊,都是把贾主任推出,就能把问题解决。病人喜欢听他的,他讲得清楚。有个患自身免疫性肝病的女病人,心理障碍很大,每次从日本过来找贾主任看病,贾主任都给她做很长时间心理疏导工作,从不厌烦。记者在门诊发现,每个初诊病人看完病,贾继东总是掏出一个磨得很旧的小本子,记下这个病人的联系方式,并向病人解释随访的重要性。

在蔡护士长眼中,贾继东简直就是"灭火器"。住院肝病病人一般病情较重,脾气都比较暴躁。贾主任就有这个本事,冲他拍着桌子发脾气的病人,他也能化解掉。他能说到病人和家属从心理上完全接受,从发很大火,到心服口服。一次,一个研究生,因为一句不合适的话把病人家属惹急了,非要把他揪出来打一顿,大家怎么都平息不了,只好请贾主任出面。他亲自去真诚地沟通,事情才算平息。事后,贾主任并不为难这个研究生,而是心平气和地告诉他,职业道德的重要。贾主任总是根据病人的病情、经济情况,制订治疗方案或建议,并不厌其烦地和病人进行讨论。很多病人因此生活质量得到提高,病愈出院或延长了生命。"在当前这种复杂的医疗环境下,他没有投诉。因为本来他就是从病人角度考虑的,所以他完全能站得住脚!"谈到这点时,贾继东认为,没有哪个职业比医生更需要沟通了。现在医患关系有问题,很大程度上就是因为相互缺乏信任、沟通不好。只要和病人沟通好,取得他们的信任,就没有摆不平的事。

在医院里,贾继东坚持四天做临床。这对身兼数职,又要做科研又要做教学的他实属不易。但他认为自己的身份还是医生,这是最基本的,做临床是正常的,不做是不正常的,所以必须给自己这个压力。

记:行医这么苦,烦过吗?

贾:这怎么讲呢,今天早晨交班时我还在讲,这是一种职业角色。每个人都要在社会上扮演一种角色。而且总的来说,我们扮演的还是正面的,尽管比较艰苦,工资不高,职业环境又这么复杂,甚至是险峻。但不管别人怎么看,我们是治病救人的。这是基本的职业道德、职业精神。

记:最感动你、给你印象最深的是什么?

贾:就是病人对你的信任吧。有的病人为看我的门诊,4点多,甚至头天晚上就来挂号。有个病人,我对他说,你复查看普通门诊就行了,号好挂,还便宜,不用这样。他说,我挂你的号就是为了见见你,和你说说话。社会上的说法,说医生收病人红包,我可以负责任地说,我从来没有收过。有个病人真的很穷,为了挂上号要起很早,打车过来,很贵。我就说你别打车了,坐长途班车,12点前来,我给你看,这样可以给她省100多块钱打车费。她最后一次来,带来了两把香椿,是从自己家里树上摘的。说实话,谁愿意要病人的东西啊,尤其是乙肝病人,虽然都知道乙肝的传播途径不是消化道。但我挺感动的,我收下了而且吃了。我有两个新疆小病人,其中一个现在已上了大学,至今逢年过节都会寄个包裹,里面是并不值钱的干果啊什么的,但我相信他们是真诚的。这些都让我感觉到做医生的价值和自豪。

作为记者,我常常想,在中国200万医生中,我们缺的不是"医匠"。少的是像王宝恩教授一样重量级的大师。认识并改变这种状况,中国医学创新发展才可能尽快跻身世界前列。培养出贾继东这样的人才能为我们带来多少启迪呢？

当古典音乐邂逅乡村学子

贾继东是个学养多元的人。像学习医学、英语一样，美好的东西，一旦热爱他便会十分投入地钻进去。如果说业余他曾喜欢过摄影，还曾买书研读过；也曾对烹调感兴趣的话，都无甚奇怪。令人惊诧的是，他现在唯一保留的爱好是古典音乐，且到了痴迷程度！这使同样喜爱古典音乐的我多次向他提出疑问。

正如友谊医院一名直筒子性格老教授说的"不对啊，从你的经历来看，你从农村来的，没有机会接触这个啊！"其实，如同学习英语的经历，贾继东从上大学时才通过一些杂志、听一些音乐来了解，并喜欢上古典音乐的，正如他表述的是"一见钟情"。尽管"那时我还不能分清民乐和交响乐。人家说这是民乐，我就问你怎么知道的。我甚至也分不清二胡和小提琴的声音。"后来接触多了，比较系统地收集音乐资料是从他读硕士时开始。兰州是省会城市，在外文书店有很多进口原版磁带。他有两样东西舍得买，一是书，一是原版磁带。

从此一发不可收拾。从古典时期的贝多芬开始，至今仅其全套九部交响曲，贾继东就收集了四种不同版本的原版 CD。"古典音乐才是真正的音乐，听了古典音乐再听别的，就觉得太肤浅了。"随着年龄的变化，他喜欢的作曲家扩展到浪漫时期和现代时期的马勒、门德尔松、德沃夏克、柴可夫斯基、肖斯塔科维奇……现在又喜欢莫扎特和巴洛克时期的巴赫，"可能是老了，又回到过去，因为他俩的音乐是纯音乐，有着古典音乐的美，从中我得到了安宁。浪漫时期音乐，可能给我带来一些激情和思考……"这些作曲家几乎囊括了古典音乐各个时期主要作曲家的代表人物。"我也是附庸风雅吧！"他经常自嘲地调侃。当他分析作曲家的特点时，对他们的熟悉程度令很早就热爱古典音乐的我也自叹不如。

在德国这个古典音乐和古典哲学的故乡，两年里，贾继东更是如鱼得水。他不惜以一周的伙食费为代价，换取一张最便宜的世界著名的柏林爱乐交响乐团音乐会门票。周末,他常去的地方是音乐书店,收集各个时期作曲家各个版本原版 CD,以至于回国时把皮鞋都扔了,却带回来两箱子 CD。"不抽烟、不喝酒,就是喜欢收藏这些吧。"谈话中,他为终于买到寻觅已久的某个版本原版 CD,或遇到因某种原因而打折的原版 CD 而津津乐道。他说,有空,占用时间最多的地方是音乐书店,不管是在国内还是出国。

在贾继东的家里,属于他的那个房间里,书架上医学、音乐书籍和 CD 平分秋色。地上的架子上则插满 CD。戴上专用手套,他小心翼翼地拧开他价值不菲的音响,"这是我家唯一值钱的东西。"放入莫扎特的一张 CD,《降 E 大调第 39 交响曲》奏出舒缓的旋律。这一年全球都在纪念音乐巨人莫扎特诞辰 250 周年,一位中国著名作曲家在巨人的家乡萨尔斯堡说:"他的音乐是一个五彩缤纷的世界,像一种织得非常精细的彩色地毯,非常棒。"有趣的是,眼下,我们这位医学专家正坐在他的红地毯上,戴着从德国带回来、同样价值不菲的 Senheiser 牌耳机,沉浸在莫扎特的音乐世界里。由此带给他的安宁,让人触摸到这个我一直以为"很强势"的人心灵最柔软的地方。

在科学的理性与音乐的感性间,宇宙与生命的感悟是相通、相融的。因为医学与音乐共同关注的落脚点都是"以人为本"——为人的身心疗伤、心灵带来抚慰、意志带来激励……音乐总是在不断地诠释人生。科学家沉浸在二者的对接中,必定会给科学带来旁悟。我想这可能解惑了,为何这位医学科学家一旦"中途"与高雅音乐遭遇,立刻被迷得物我两忘。

近闻,中国科学院院士、地质学家许靖华先生曾以数学方法研究音乐,而莫扎特一直是他的最爱。日前许院士出版了对莫扎特的研究心得。也许,才气横溢的医学专家在以医学方法研究音乐,也未可知吧!我期待着。

这让我想起一句话:我们所拥有的比我们失去的多!

后记 本文写毕,掩卷长思。贾继东,一个很理性的人,同时又不乏感性。在他的强势性格下面,却又涌动着宁静的暖流。他一面是救赎生灵的"传教士",一面是指挥理论、思想、观点和辞藻,运筹帷幄的"将领";他既是学科的领跑者,又是长辈、同事和学生眼中的好晚辈、好兄长和好师长。他是古典音乐的皈依者、是亲人朋友病人的亲朋好友……他充满哲理的人生,像一本打开的书,让读他的人回味。

贾继东:历练双重博弈

MEDICINE

他头脑中每天都在发动着怎样的思维呢——永远是那样地与众不同！他是什么人，是精灵吗?!

我找到贾继东对我说的这样一段话：从某种程度上讲，我是一个完美主义者。但是世界是不完美的，为了追求完美，可能会把已经做好的事做糟。我希望自己做的，不是当院士、主任委员这些。而是从临床上讲，除了病毒性肝炎，我现在掌握了 20 种肝病。但是欧美专家说要掌握 50 种肝病才能运用自如啊，那我就会觉得不足，这个我还没有达到。后面那二三十种肝病很难掌握，这就很难使你达到完美境界了。我们这代人赶上了改革开放的好时代，但毕竟没有像老一辈那样经过系统、规范和严格的发达国家式的临床训练，这不能不说是缺憾。我只能尽力而为吧。有些事情是经过努力可以做得到的，有些是做不到的，因为那还需要一些客观条件。开始时，我的心态是比较焦虑的，现在是有个基本的紧迫感，但不能急功近利。只要我有目标，我一步一步向前走就行了，虽然我不知道最后能不能达到这个目标。但是我有能力向那个方向前进。

其实，贾继东在不断修正自己的过程中，只是为了朝着一个目标走，那就是尽己所能做一个离完美更近的、救助生命的临床医生。仅此而已。

李兴旺：春天的守护者
——谨以此文向李兴旺等无私无畏的白衣战士致敬

郝新平　陈明莲

李兴旺,52 岁,北京地坛医院感染性疾病诊疗中心主任,主任医师,硕士研究生导师。主要社会兼职:全国卫生标准委员会委员,北京医学会理事,北京医师协会理事,中华医学会北京分会传染病与寄生虫病学会副主任委员,北京市性病艾滋病协会常务理事,北京市红丝带之家秘书长,北京市突发公共卫生事件专家委员会委员,科技部国际合作重点项目计划评价专家,国家新药评审专家,国家基本医疗保险药物评审专家,中华医学会及北京医学会医疗事故技术鉴定专家库成员。

　　20 余年来一直从事传染病专业的临床工作,所领导的科室为医院的重点科室,承担着各类传染病的诊治工作,如各型病毒性肝炎、流脑、乙脑、肾综合征出血热、艾滋病、性病等急慢性传染病。

　　在临床一线工作的同时,还承担着北京大学医学院传染病的授课和传染病的临床科研。作为从事传染病专业的医生,多年来还承担着北京市和国家的重大和突发传染病疫情现场处理、传染病的会诊、诊治方案的制订等多项工作。作为卫生部专家组专家,多次参与国内"非典"、人禽流感、流脑、乙脑等疫情的临床救治。

　　多年来参与了北京市重大和突发传染病方案的制订、培训;主笔完成了卫生部"流脑诊治要点";流脑、乙脑诊断标准。作为主要作者参与了卫生部和中华医学会的"非典"、艾滋病、流脑、乙脑、炭疽、人感染猪链球菌等重大传染病防治方案的制订。

获国家科技成果二等奖、中华医学科技成果二等奖、北京市科技成果一、二、三等奖各一项；发表及参加国际、国内学术会议论文50余篇，主编或参与著书6部。

曾获"全国预防与控制艾滋病先进个人"、"全国防治'非典'先进科技工作者"、"全国先进共产党员"、北京市、全国五一劳动奖章。享受政府特殊津贴。

这是地处北京繁华地段的一家医院，又是因毗邻着地坛公园而最幽静的一家医院。2003年冬日里，一场小雪后，电台播音员用欢快的声音告知市民，北京将享有一周的晴朗天气。记者置身于松柏丛中的北京地坛医院，暖洋洋的冬日，让人回想2003年原本拥有最明媚阳光的春天，却在这个城市和这家医院里发生了一场刀光剑影的鏖战。

"这个病人要放腹水，该放还得放。你去放，要多练练……"冬天的阳光照射在地坛医院感染科病区医生办公室里，主任李兴旺正和他的年轻同事们讨论病房病人的病情和治疗方案；"今天怎么样，吃饭了吗……"在一间病房里，李兴旺操着一口京腔俯身向几位老年肝硬化（均为传染性乙肝病人）的病人询问着病情，平和地就好像在北京的胡同里向邻居长辈们打招呼。

祥和与宁静的氛围中耳畔却朦胧传出阵阵厮杀声，竟宛若时空倒错——仅仅半年前，这里曾是人与"非典"殊死搏斗的前沿阵地吗？这个中年人就是那个"非典"面前的硬汉吗？一切记忆既清晰又久远。

而这里确确实实曾是血与火的主战场之一，这家不大的传染病专科医院因此而成为当时这座城市、这个国家，乃至世界关注的焦点之一。而这个名叫李兴旺的传染病医生，在从事了24年传染病工作后，因为抗击"非典"而名声大振。正是因有李兴旺等人这样一个能打硬仗、恶仗的群体，北京地坛医院聚集起来的是一支拖不垮、打不败的，特别能战斗的劲旅。

李兴旺，北京地坛医院主任医师，该院第一个到"非典"病区工作的主任医师，全国抗击"非典"期间优秀党员，全国"五一劳动奖章"获得者。

然而,采访李兴旺多少有些令人沮丧,一谈到他自己,他总是一句话:真的没什么。于是我们只有——

从众人眼里看李兴旺

　　了解李兴旺的人都知道,他的成名并不是因"非典"的偶然,他平时的为人处世原则、一贯的工作作风成就了这一必然结果。这其实应验了"是金子总要发光"的老话。

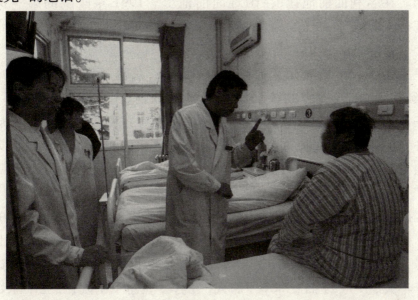

在他手下的兵的眼里:他既是指挥员、更是战斗员

　　主治医师蒋荣猛:我们是一同参加抢救3月26日收治的第一例"非典"病人的。4月初的一天下午,病人病情急转直下。我和主任一直在病房里寸步不离,突然病人心跳停止了,"快!"还没等我反应过来,李主任已开始为病人进行心外按压。累,自不必说,危险随时存在,每按压一次,病人从呼吸道排出的气体就向术者袭击一次,但是在李主任的带领下,我们三个医生没有退缩。整个抢救持续了十几个小时,心脏按压时间近100分钟。李主任累得一下趴在旁边的空床上,气喘吁吁,汗水浸湿了整个帽子。在这次担任医

院"非典"的主检医师的工作中,从病房最初的人员培训,到 3 月 26 日医院收治病人,每位新来病人的诊断,李主任都亲自把关,无论是上班时间还是下班休息,一个电话,李主任马上亲临病人床旁。随着病人的增多,李主任常常忙得顾不上休息。"非典"病人病情瞬息万变,容不得有丝毫的懈怠,抢救随时发生,几乎一周的时间他没有离开病房。工作最紧张的时候,连续三天他只睡了 9 个小时,眼睛里充满血丝、脸都肿着。

医务部副主任李秀兰:李兴旺主任之所以有今天的成功,是因为他做人成功。在名利面前他让、在困难面前他上。1991 年医院的第一例国人艾滋病病人收在李主任的病房,李主任以科学的态度,泰然处之,他带头不戴手套、口罩查房,他的言行影响了一班人,很快大家的心平静下来。1998 年科里为是否收治肝炎儿童的问题上有争议,儿童肝炎投入的人力、物力大,可经济效益低,现在的孩子都是家里的独苗,出了问题,费力不讨好。李主任没向院里提条件,把任务接过来。2000 年底对低收入的传染病要开设经济病房,医院再次把这个难活儿交给李主任的病房。同事们都觉得别人在想方设法挣钱,我们却在学雷锋。对此,李主任说:"因为这是病人需要。"

几位在李主任手下走了一趟的兵,现在成为医院的科主任、病房的主治医生。他们说:跟李主任干活,是苦、是累,可心里舒服。他是"跟我上!"的指挥员,而不是"给我上!"的发令官。他把成名的机会、出头的机会让给更多的青年人。5 月 21 日,"非典"病人、著名导演谢飞出院,二三十家媒体采访,记者自然要采访谢飞的医生。兴旺主任力荐主治医蒋荣猛,镜头、话筒一齐对准蒋大夫,而他自己则悄悄地躲在一旁。就是这次被评为五一劳动奖章获得者的消息,他也是从晚上的新闻联播中得知的。

在同行的眼里:他善于学习、肯于钻研

——他的病房收治肝炎病人时,他和同事们提出的《用干扰素阻断急性 HCV 感染后慢性化的临床研究》、《丙型肝炎系列临床研究》等,获得北京市、北京市卫生局的科技成果奖。

——他的病房收治艾滋病病人时,他从中对国人艾滋病的临床观察进

行了大量的系列的研究,撰写了北京《482例艾滋病临床分析》等论文。

——他的病房收治"非典"病人时,任务重、压力大,他没有放弃任何学习、总结经验的机会。他和蒋荣猛大夫利用点滴休息时间,为尽快掌握"非典"的规律,摸索新的治疗方法,在互联网搜集最新的"非典"信息,建立了病人发病特征、规律的数据库,及时总结经验、寻找规律。在对"非典"的治疗工作不到半个月的时间里,根据20多年传染病治疗临床经验和对"非典"病人的治疗观察,提出了"非典"病人除了存在肺脏损伤,还存在免疫功能的损伤,针对当时的治疗经验,提出了要严格掌握激素使用的适应证,使用剂量不宜过大、时间不宜过长。参照卫生部的诊疗方案,在全国,他首先与医院专家组共同制定了"非典"的分期、分级标准和诊疗常规。2003年4月23日,李兴旺在海峡两岸"非典"学术交流会上和钟南山院士一起,作为仅有的两名临床医生做大会发言,分别介绍了"非典"的临床诊断治疗经验,受到与会者的关注。

在护士长的眼里:李主任谦和,没有一点专家架子

抗击"非典"期间,李兴旺承担着全院主检医师的重任,在病房管理上又肩负所有人员的心理调节、生活照料的细活。面对未知的"非典",医护人员心里既承担着可能随时被感染的重压、又承担着与亲人隔离的压力。李兴旺身体力行凝聚起病区一班人的力量,搏击在抗击"非典"的最前线。

贾双平护士长:这次和兴旺主任同时第一批进驻"非典"病房,李主任没有一点专家的架子,是我最大的感觉。刚开区病房时的物品准备、家具搬挪,李主任都带着大伙一起干。他注意个人的言行举止,及时调整大家的工作情绪,保持整个病区旺盛的工作热情。一次交班会上,同志们发现一直和大家朝夕相处的护士小李没来,大家悄悄议论:"小李被确诊为'非典'了,已经被隔离了。"李主任发现同志们的情绪不对马上说:"'非典'是一种传染病,小李病了,我想和前一阶段医院人员紧张、护士劳动强度大、工作时间长有很大关系。医院今天又给我们输送了新生力量,我们党员、干部要带头做好工作。"交班会后他穿上隔离衣第一个走进重病人的房间,榜样的力量是无穷的,同事们紧随其后。查房结束后他和护士长马上查找消毒隔离措施

的每一环节,调整工作人员的休息场所,看望病中的同志,为他们制订治疗方案,并向医院提出"非典"病房工作人员的餐饮建议。他细致入微的工作作风和对同志们无微不至的关怀,让医护人员备受感动。

在病人眼里:"虽然我已神志不清,可我知道兴旺在我身旁,只要他在我就有信心。""让他休息休息,他太累了……我们担心他的身体"

北大人民医院主任医师,同是搞肝炎传染病的"非典"病人孙焱说:"我一度病情十分危重,今年已经 55 岁的我有糖尿病、心脏病、高血压,是"非典"病人中的高危人群。"非典"病重的那几天,看我各种检查指标,我是必死无疑。曾经有人建议我转院治疗,可我坚信兴旺有这个能力,他是我可信赖的朋友、是使我充满信心的医生。在他和他的团队的全力救治下,我闯过道道关卡。病重的那几天,他在激素的用量上,使用有创、无创呼吸机问题上,总有自己的看法。当给我上了呼吸机,我特别紧张。兴旺陪着我,在我耳边不断地告诉我呼吸的技巧,鼓励我,虽然我已经神志不清,具体他说的什么我今天也记不起来了,可我知道兴旺在我身旁,他给了我信心。出院的那天,兴旺亲自送我,他和我站在早晨的阳光里合影。我向先生介绍,这是我的救命恩人。兴旺说,千万别这么说,您的坚强是最重要的。他的谦逊和虚怀若谷令人敬佩。"

2003 年 5 月 14 日,地坛医院党委收到一封 9 名"非典"病人的联名来信,信中说道:"我们是战友、我们是同志。我们强烈要求医院领导下令:让李兴旺主任休息休息,他太累了。他的工作太多,他太忙了,他瘦了。我们想,他肯定是为了工作,为了病人,不肯休息,我们担心他的身体。我们想院领导能不能对像李兴旺这样的同志强制性地让他们休息。这是我们二病区几名病人的心愿。"署名的有中直机关的高连宝、人民医院医生孙焱、著名导演谢飞、北京朝阳医院医务部毕维杰等。

从 1990 年开始的由病人评选的最佳医生的记录里,病人们总是把手里最庄严的一票投给李兴旺。李主任所在病房收的急重病人多,许多家属出于感激,常常向医护人员表示谢意,送钱、送物。他说:病人生病本来就是家里的一大损失,我们怎么能再加重病人家的负担。尤其是我们收治的病人,大多是生活贫困的农民、打工人员、下岗工人。

在妻子的眼里:"他特适合当医生,从不烦病人", "他活得太累,他需要休息"

妻子张伟是地坛医院的一名护士,在她的眼里兴旺太累。无论是下班后还是年节假日,兴旺总绷着病人这根弦。病房的重病人可能病情突变,下级医师有解决不了的问题,他总是招之即来。

这次收治"非典"病人,医院把这一重任又交给了李兴旺。晚上回家,他把这事告诉妻子。"他的语气平和又坚定,告诉我他已经到'非典'病区工作了。我的心"咯噔"一下,同是传染病医院的工作人员,我知道这次'非典'较以前兴旺接受的任何一次任务都艰巨,这会是一场前所未有的恶仗。他是家里的老大,两个妹妹都不在北京。父母都已 70 多岁了。可我知道劝阻肯定不会有用,因为兴旺不会在这一问题上有丝毫的退缩。只有全力支持。如果有不测,陪伴他的应该是我。"张伟做好了与爱人一同战斗到底的准备,她给自己的妹妹打了电话,告诉她,万一我们有个三长两短,请你照顾我们的儿子和家人。

"我觉得他特适合当医生,因为他从不烦病人,哪怕他是个没钱的病人,他总是想出既经济又实用的方法解决他们的病痛。"作为北京市突发疫情的临床专家,随时会有任务通过电话向他下达:某班飞机上可能有肺鼠疫,有几个病人可能感染埃博拉病毒……在危机四伏的未知的传染病领域里,兴旺凭的是勇气和知识,他总能化险为夷。记得那天抢救一位外宾,他被从家里叫到医院,一直忙了一夜,由于是和病人面对面的密切接触,他早上给我打电话,说要在医院里休息几天,不回来了。我知道,他是怕万一自己感染了"非典",会传染给我,才这样说的。下午我放心不下,来医院一看,他一脸倦容,脸色特别难看,我心疼极了。我知道他有失眠的毛病,离开家睡不好觉,就把他接回家,让他好好休息,好继续工作。

李兴旺:春天的守护者 MEDICINE

在记者眼里:他是个不容易采访的人,说专业侃侃而谈,
说自己近乎木讷;他是个凡事淡然处之的人,即便是遭遇"非典"。
这不由地让人感悟到一个词:无私者无畏

　　他很不愿意说自己更不愿意写自己,他说他很发怵,除非谈他的专业。
他说作为抗击"非典"宣讲团成员,他一次都没有讲过;在奥林匹克体育中心
举办的"告别'非典'"大型演唱会上,他接受中央电视台节目主持人王志的
采访时,只说:"非典"就是个普通传染病,不要妖化它。他说他对什么事都
很淡然,尤其是经历过"非典"以后,心态比以前更好。面对一些荣誉,他问
自己"你是干什么的? 是个医生,会什么? 给病人看病,有时还看不好。'非
典'以后怎么做? 继续给病人看好病。"他认为这次与"非典"交锋,谈不上
是什么生与死的考验,因为常年搞传染病,和病毒打交道,因此没有感染上
"还是不该得"。唯一感到不舒服的是,爱人接他回家那次,"你豁出来不怕,
毕竟还有家呢,真传染上了不是罪过吗!"这是在回答记者的提问中,他真正
动情的一次。另外一次是,谈到自己刚参加工作时,因为当时没经验,一个
八个月大的婴儿,因一口痰堵住了而死,"我整整难过了一个星期呀!"再就
是说到医患纠纷时,他认为大多责任应该是在医护人员这边。一种情况是,
责任心不强给病人造成痛苦了;另一种更多的情况是,你尽心了,但沟通不
够。"真捣乱的是少数","我老给大夫们讲,能给病人多说就多说、多解释。
病人了解你、信任你了,这活儿就干好了一半。"让他感到高兴的是,"非典"
使坏事变好事——政府加大了对疾病预防的重视和投入。
　　走出地坛医院的大门,与这静谧的传染病院形成鲜明对照的是旁边的
地坛公园——北京冬季书市正如火如荼地举办着。成千上万承载新的期盼
的北京市民,在盘点一年时,不忘以丰厚自己的知识文化内涵的方式,送旧
迎新。为了这个城市的四季平安,李兴旺和他的同事们和传染病的搏斗要
到何时? 回答是:未有穷期! 于是,我们才总可以感慨:冬天来了,春天还会
远吗?

感悟医学家

MEDICINE

"魅力"的含义应有两层。她的言谈举止，眼神、笑容，她内在、外在的气质；她的为人，以及她的医德、医术，无不吸引人。这一切，构成了她人格的魅力！

凌锋：一个神经外科医生的心路

郝新平

凌锋，毕业于上海第三军医大学，现任首都医科大学宣武医院神经外科主任，介入中心主任，首都医科大学神经外科教授，博士生导师，北京市脑血管病中心主任，首都医科大学脑血管病研究所所长，中国国际神经科学研究所（CHINA－INI）执行所长。

兼任亚太地区介入神经放射与治疗联合会荣誉主席（终身）、世界介入神经放射联合会高级会员、世界介入神经放射学联合会执委会常委兼教育委员会主席、亚洲青年神经外科医师协会副主席、亚洲女神经外科医师协会副主席，中国医师协会神经外科医师分会副会长，中国老年心脑血管病专业委员会会长，《中国脑血管病杂志》主编等职。曾先后获国家科技进步二等奖，省部级科技进步奖等8项、全国首届医学科技之星称号、巾帼建功模范医师光荣称号、北京市"三八"妇女红旗奖章、北京市科技新星导师奖、北京市三八红旗手及十大女杰，北京市总工会评为经济技术创新标兵，全国三八红旗手及三八红旗手标兵，全国十大五好标兵户等荣誉称号，2004年首届中国医师奖获得者。

其实，最初"认识"凌锋是在今年（2002年）"三八"妇女节，中央电视台的《半边天》节目，印象颇深。救治香港凤凰卫视女主持人刘海若的过程，使中国内地神经外科专家凌锋一时间成为海内外关注的焦点；而真正零距离触摸到她，是在不久前一个秋日的下午。

这可不是一件容易的事！

因为早就知道，除了发布刘海若的病情外，凌大夫对记者的采访，尤其是对她个人的采访一概婉拒。借接受刘海若同事——凤凰卫视的采访，我们终于成行。她没有时间，两天前刚从法国开完一个国际学术会议回来，每天手术已经排得满满。凤凰卫视的这个采访是为了做一部介绍北京宣武医院的专题片，而采访凌锋是其中的一部分。

审视凌锋是件赏心悦目的事——51岁的她，红润的唇，映着双颊一抹淡淡的腮红，笑意盎然。浅驼色宽边眼镜后面的双眸，注满平和与柔情。衬着一袭墨绿色无袖手术服，颈上的水晶项坠反射着柔和的光，若隐若现，脚下是乳白色软拖式平跟皮鞋，这一切给人视觉上自然和谐的美，仿佛都在不经意中……将这感觉和游刃于险象环生的神经外科中挥斥方遒的凌锋——世界介入神经放射联合会教育委员会主席、北京市脑血管病中心主任、首医大脑血管研究所所长、宣武医院神外科主任、博士生导师联系在一起，似乎有些不可思议——因为至今仍有不少人瞪大双眼惊问，凌锋是女的?!

然而，这就是凌锋，一个女性味十足的中国出色的神经外科专家。

是她，亲赴英国对海若进行脑死亡的鉴定，凭借她深厚的医学专业功底和丰富的临床经验，在海若病情极其危重，生命垂危之际，断然作出重大决策——接其回国治疗！这需要怎样的胆略和气魄！面对海若亲属的重托、面对海内外关注的目光以及北京宣武医院领导的信任。而凌锋更多的感慨是——

"宣武医院是一个非常好的团队"

"这么艰巨的任务，要问你怎么敢去？尤其是这么重的病人，你怎么敢把她接回来？有人说，这是一个烫手的山芋，你怎么敢捏住它。"回忆起当时的情景，凌锋动情地说"我之所以敢去，敢把她接回来，不是在于我个人，而是在我的后面有一个坚强的后盾。"凌锋是在晚上9点多接到的通知,第二天就要出发。走的前一天晚上,在和院长们进行紧急磋商时,她提出了一些可能性:不管病人是否脑死亡,家属肯定是坚决不能放弃,如果家属坚持不放弃,分析有可能出现的情况中最坏的一种是,英方坚持他们的意思,你又不放弃,那万一英方不治了,我们该怎么办?"这是最后一步棋,而这一步棋你必须要做好,你才敢去。"凌锋强调说。这时,宣武医院给了被凌锋称之为"非常强大的支持",使她"心里有了底"。院领导说,凌主任,你去吧,我们完全相信你的判断。如果你认为病情需要把病人接回国治疗,医院会全力以赴,调动一切力量支持这件事!刘海若的病情之严重是一个包括严重脑外伤在内的涉及很广泛器官的挫伤,并且伴有严重的混合、重复感染和菌血症,高烧40℃,昏迷等。她是在"强三联"抗生素的控制下,戴着呼吸机勉强被带回国的。严重的菌群失调,再次发生的深部霉菌感染、菌血症,这些要命的并发症一度使她血压下降"让人非常紧张"。如果不是在宣武医院这样一个有着强大阵容的综合医院,多学科密切配合救治,是不能想象的,凌锋感慨道。说到中西医结合,包括针灸及时有效的参与救治,凌锋比喻道"重要的是这个结合不是像贴补丁一样,而是像揉面团一样融合在一起,恰到好处。"在刘海若需要时的第二天就上了,对其有很大的帮助。对海若救治的各项措施到位都非常及时,如来院第二天神经康复就介入了,从抗肌挛缩、帮助肌张力恢复等康复措施开始,体疗训练、语言训练、职业功能训练"就是现在我们说的PT. OT. ST",还有创伤心理治疗、第二天开始的高压氧舱的治疗,总之对海若的治疗"一分钟都没有耽误。"这些对她的脑组织的恢复有极为重要的作用。"你想,如果没有这些综合的治疗、综合学科的配合,单凭一个人或者一个科室根本不可能取得这个效果的。"她还强调说,对于海若的成功抢救"不是我凌锋个人怎样,换任何一个医生,遇到这种情况都会这么做,只不过这事让我碰上了。"

曾有在军内外多家医院工作经历的凌锋,深感她所在医院是个很好的团队,为她事业的发展提供了一个最好最大的发展空间。"医院领导和各科、处、室都对我有很多的帮助。这种帮助并不是对我个人如何,而是整个医院的氛围,让你感到如鱼得水。这种氛围是什么样的呢,是和谐的、协作的和全力对临床、对医生的支持,这是最让人感动和欣赏的。"凌锋加重语气

凌锋：一个神经外科医生的心路

说:"作为医生,尤其是我们这个年龄,为什么想到宣武医院来？就是想做些事情,做一番事业。而这个事业是为老百姓好,为病人好。所有的人都帮你完成这个事业,没有掣肘,没有阻碍,全力推动你、帮你去做。你还有什么可说的,你除了贡献你的全身心外,没有任何可说的！这一点让我非常感动。"凌锋说到院长张建教授,深深的感激、钦佩之情溢于言表。她说,医院的这种良好的氛围是身为表率的张院长努力营造和强调的。在这儿,方方面面他为你想得非常周到。你要3件事,他为你想到6样,帮你想得更多。他不仅是帮助支持你,更多的是为你的长远发展去拓宽空间,让你更多地发挥能力。这是很难得的。曾为制约因素太多只能发挥20%能力烦恼而调动的凌锋,在这里百分之百的力量完全施展出来,甚至得到了为她创造的更多机会。一到这里,院长给凌锋的是一层楼,整整70张床位的病房,这使她很开心。然而更让她开心的是,院长主动提出加盖了一层三四百平方米,拥有16张床位的监护病房。凌锋自豪道:"毫不夸张地说,在全国乃至世界上都不逊色的这个现代化监护病房是我以前想都不敢想,根本不敢奢望有这么漂亮的监护病房。这是院长替我想到的。正是我有了这么好的监护病房,海若才能在这里得到这么好的治疗和护理。如果没有这样的条件,我怎么能发挥我所有的能力。所以说,在这里我没有什么可说的,'士为知己者死'！"掷地有声的肺腑之言,令听者亦怦然感动。

听说,把凌锋调入,是张建院长感觉自己做的最自豪、最痛快的事。

设在医院的由多个学科组成的首医大脑血管病研究所和北京市脑血管病中心由凌锋牵头。"你想,这么多学科集中研究一个脑血管病,这个力量有多强！每周一次的病例讨论,有什么问题,大家集思广益。很多情况,别人做不了的,在我们这里就很简单。这种合作氛围真是没得说,毛主席说过'军民团结如一人,试看天下谁能敌'。在我们这里,各学科团结如一人,确实是天下无敌！"

凌锋还担任着脑血管病国家"十五"攻关课题牵头单位的负责人。全国数百家医院将共同完成这个课题。"我们要把全国脑血管病防治工作提高到一个新的水平。为此,我们还开通了中华脑血管病网站,欢迎你们访问我们的网站。"谈到她正在进行和将开展的工作,信心十足的凌锋,脸上露出了灿烂的笑容。她说,她们还将开展其他微侵袭神经外科手术,扩大为病人服务的范围;此外,对老年人围手术期的重症监护也是重点发展的项目之一。
"这些工作会让我们走很长的路,但我们充满信心。"

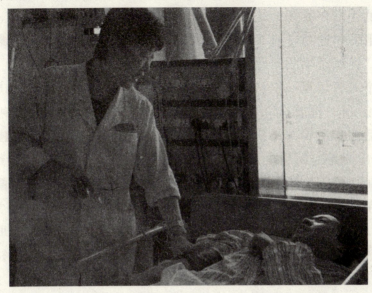

的确,凌锋在这片沃土上,把自己的能力发挥到了极致。这不由让人感慨,人才优势是知识经济时代竞争的关键,唯其如此,如何充分挖掘、利用、培养并爱护人力资源——我们呼唤千千万万张建院长!

"不是我选的,我是被选的!""我不后悔!"

"医生,一个高风险、高脑力劳动职业。而神经外科更是处在风口浪尖。作为肩负社会责任的职业女性,你还需担负为人妻、为人母、为人女的家庭责任。双重角色的你为什么要选择神经外科?"

"不是我选的,我是被选的!"凌锋笑着说。毕业被分配到骨科的凌锋到神经外科轮转,凌锋称之为"无论人品、学术、口碑都极好的我国著名神经外科专家刘承基教授"发现了她。于是,这位伯乐与她有了一段改变了她人生轨迹的对话:

——你应该当神经外科医生。

——为什么? 我一点也不喜欢神经外科。

——因为不是什么人都可以干神经外科的。神经外科医生必须具备三个条件:要能吃苦、要有牺牲精神、还要手好。这三条不是每个人都有,但是我发现你有!

"你的手好在哪儿？是柔软,是纤细?"盯着她的手,我好奇道。"所谓手好,并不是手本身的好与不好,实际上它是一个心与手的交融。"她不假思索地回答。"在谈医学的问题中,你总能说出一些很富哲理的话。"

"一个人要年复一年、日复一日地承受这样巨大的压力,'如履薄冰,如临深渊'地工作,你怎么承受的,是什么支撑着你？你曾有过后悔吗?"

"不后悔!"凌锋毫不犹豫地说:"当你承受很大压力时,你就要有付出,而你的付出要是有所得的话,你就会觉得你付出的值得,你就会继续付出!什么是你的所得呢,就是病人的康复。当一个濒临死亡的病人,通过你的努力,尽管在努力中有很大的压力,可你终于把他救活了。这种感觉,这种从生死交界和徘徊中、从死神手里,把一个人拉回来的感觉,不是每个人都有的。这种感觉确实是一种最大的激励和最大的快乐,使你觉得你这个工作付出的值得,那么你就会继续地付出。"

"如果这个病人没有抢救过来呢?"

深舒了一口气,凌锋缓缓地说:"那我会非常非常沮丧和难受,几天吃不下饭、睡不好觉。甚至怀疑自己是不是能当、配当这个医生了,我曾经真的这样怀疑过。这个病人我居然没有给治好,手术做失败了!但是过一段时间,我会慢慢调整过来。在调整中,我想自己确实尽心尽力了,而且是全身心地在给病人治疗。每当有一个失败的病例,我都会反思很长很长时间,所有的过程都会像电影一样不断地回放。我会一直想,我是不是玩忽职守或没有用心、是不是不负责任？我不是这样,那我就还是一个医生,只是说很多情况下,你未知的东西仍然很多。所以说,你就应该学得更多、做得更多、更努力,干得更疯狂!"快人快语的凌锋一口气儿说出的排比句,说得自己也笑了起来。"这是一个刺激!""是的,如果你每天都做得很好很好,你也许就会觉得它比较平常了。你越是遇到挫折、困难,它越刺激你,让你知道你肯定还有很多不知道的东西、没有学会的东西!"

这让人想到著名政治家丘吉尔说过的话:"成功,就是以不息的热情从失败走向失败。"浅显其实极富哲理。然而,真正懂得并身体力行则不容易。

"我动员家属不要放弃，和我坚持到两个星期。第15天，病人真的出现了转机"

"在医患矛盾加剧的今天，很多人认为行医环境大不如前。抱着能不做手术的就不做，尤其是高难度的手术，省得给自己惹麻烦的心态的大夫不在少数。而你却在知难而上，你是怎么想的？有报道称，你曾治好过不少比刘海若还要重的病人。"

"将心比心吧。假如我是一个病人，如果谁都不给我治，我不就死了吗？病人特别渴望医生全力以赴给他治疗，我们自己生病了，不是也希望别人全力给你治吗！一些病人因为种种因素对医疗不满也是可以理解的。如果你尽心尽力，全力以赴了，病人不理解，但我问心无愧。我觉得我们做很多事情都要无怨无悔，怎么样才是无怨无悔呢，就是你确实在为病人做事，没有从这里为自己谋点什么。既然赋予你医生的职责，让你做医生这个工作，你就要为病人付出，为病人解除痛苦。这也是做人做事的准则。"凌锋坦陈自己也不是没有官司，也不是没有为此而烦恼过，但她扪心自问自己是尽了力了。她谈到《医疗事故处理条例》中提出了未知因素、不可预测因素。只要我们把所有该做的工作做在了前面，即使病人出现因此所致的残疾、死亡结果，就不属于医疗事故，如果有人闹，走法律程序，相信法律的公正，该负什么责任就负什么责任，君子坦荡荡，是没有什么可怕的，更不能因此而退却。

"确实比海若重的病人有好多我们治好了。"凌锋举了一个例子。曾有一个8岁的男孩儿，脑干长了一个非常大的动脉瘤，既不能栓塞也不能夹闭。将载瘤动脉闭了后的代偿期间，病人发生了一系列严重的脑干衰竭表现。治疗中有很多矛盾的地方，病人极其危险，多次濒临死亡。凌锋的小组一直在病人身边坚守了两个星期，一点一点调整治疗方案。在这期间的前一个星期，连家属都熬不住了，觉得孩子不行了，说："我们放弃了。"凌锋一直动员家属不要放弃。她说："我们要努力到最后一刻，所有的力量全尽了，那个时候也就无怨无悔了。请你和我一起坚持到两个星期。"果不然，第15天，病人发生了转机。"现在这个病人已经长大了，上高中了，踢足球干什么都行。你问我怎么能承受这么大压力，就是看到他们恢复健康后的高兴。

凌锋：一个神经外科医生的心路

MEDICINE

一年后,有一天我正在看门诊,一个妇女进来,扑通一声跪在我面前,吓我一跳,不知是怎么回事。这名妇女说,我是潘超的妈妈呀,我就是来谢你的!后来,潘超又来看过我,长的比我都高了,见了我一把把我搂住。哎呀,就那种感觉让你觉得,再付出多少都是值得的,你还得干下去!"凌锋深深地感慨道。

"只要海若有一丝希望,我们就应该全力以赴,这样才能无怨无悔。"

"医学确是一门含有很多不可知因素的科学。对刘海若的抢救,万一没有达到人们期待的治疗效果,事先你考虑过你将承担多大的压力吗?"

"在你没有做出最后努力之前,轻易下一个结论让自己望而却步是愚蠢的。不管它的结果是什么,你都要立足于今天去努力。只要海若有一丝希望,我们就应该全力以赴,这样才能无怨无悔。"在我们这次采访中,无论是谈她的事业,还是讲她的任何一个病人,"无怨无悔"是凌锋嘴里出现频率最高的一个词! 正是凭着这种高度的责任感,凌锋在高风险的神经外科领域里奋斗了 25 个年头,挽救了无数危重病人的生命。她和她的同事们不断把神经外科和介入放射学推向前进,使我国神经外科在以往颅脑手术禁区——脊髓血管畸形等方面领先国际。在刚刚于法国结束的国际神经放射学大会上,凌锋担任了有关这一论题峰会的主席。展望未来,她希望我国的神经外科走向顶峰。"尽管我们要达到这个目标需要在崎岖的道路上锲而不舍地攀登,但我们有信心。"

"全力以赴,尽善尽美"

"你有没有想过,手术越多,你的责任和压力会越大?""这是肯定的。生命所系,生命相托嘛! 病人把命交给你,你就要倾全力去负责任,压力自然会很大。""做了这么多手术,有那么多病人慕名而来,你最强烈的感受是什么?""我最强烈的感受就是手术永远做不完,就是必须要培养后继,一个人浑身是铁又能打多少钉子,一天 24 小时累死也不可能做完。我们要有一个团队、要有一个一代比一代强、一个比一个强的梯队。我感觉最强烈的愿望和趋势就是要把我们这支队伍带起来,把年轻人培养起来,让这个事业后继有人,让更多更好的医生为更多的病人服务。"

无论是在凌锋的神经外科病房还是在她的各种高新仪器林立的介入放射学诊疗中心、工作人员的小餐室，一种现代化、以人为本、忘我的工作氛围让人感慨不已。由韩美林书写的条幅"全力以赴，尽善尽美"挂在诊疗中心的墙上。"这是我们的科训。"凌锋说："这儿的工作人员每天都加班到晚上八九点。"跟着这样的领导，我们心里痛快！"一位技师插话说。"我们的技师和护士都有参加学术会议并发表论文的机会。"凌锋颇为她的同事得意的样子。当凌锋的手机响起来时，我们得知，她新招的硕士、博士、博士后研究生还在等她谈话。"讲做学问？""不，讲做人。"

在凌锋的办公室，我看到了一张张镶在相框里的照片。一身戎装的年轻凌锋和同样一身戎装的父母在一起的照片，凌锋和先生、儿子相拥在一起的合家欢照，光彩照人的她和导师法国介入放射学家麦赫朗教授的合影以及和同事、病人的照片。还有一张两个小女孩的照片，"这是我收养的云南丽江的两个孤儿。"所有照片上的凌锋一如现实中的她，笑容幸福灿烂——"人格是大地之子最崇高的幸福"，这是歌德说的。

MEDICINE

自 1963 年美国人成功完成第一例肝脏移植手术 40 年来,至今全世界只开展了 11 万例同类手术,而需要做这一手术的人 110 万都不止。肝移植技术之所以发展如此缓慢的症结盖因全球性的肝源极度匮乏。在美国,每年登记做肝移植的病人为 2 万 ~2.5 万,而实际完成的仅有 4000~5000 例。作为肝病大国的中国更处于令人扼腕的局面——每年四五十万病人中只有区区 1000 人有幸获得肝移植的机会,其余的几十万人只能在无可奈何中等待病情加重直至死亡!

20 世纪 90 年代初,一项新的肝脏移植技术为病人带来了新的曙光,也为困扰了几十年的肝脏移植技术发展带来了颠覆性革命——活体肝移植。即在不影响供肝者健康的前提下,从健康的活人身上取一部分肝脏移植给病人。如果人们都乐于捐出自己的一部分肝脏,这将是取之不尽用之不竭的肝脏资源!况且手术室取部分肝脏保证了肝脏更高的质量。然而,作为全球热点的活体肝移植技术处于器官移植技术的前沿和尖端,其技术含量非常之高,风险很大。在治疗病人的同时,必须确保供者生命百分之百的安全。目前世界上只有欧美、日本和中国内地、中国台湾、香港特别行政区等十几个国家和地区可以开展。至今全球共做这一手术 1500 例,其中中国内地为 60 例左右。

多么了不起啊!因为这 60 例中的 36 例完成于江苏省人民医院(其余则零星散在全国其他多家医院)。今天,让我们将目光锁定在江苏省人民医院。

生命中不能承受的等待
王学浩:推手中国活体肝移植

郝新平

太极拳,外柔内刚,刚柔相济,以柔克刚。《太极拳论》中曰:练太极拳必练推手。太极拳的一百多个动作的实用价值都得从推手中体验出来。

王学浩，1983～1985 年在美国
匹兹堡大学医院世界肝移植中
心研修，是我国当时赴国外研
修肝脏移植少有的两三个人之
一。期间他参与完成肝移植手
术百余例。回国后一直致力于
肝脏外科和肝脏移植的基础和
临床研究，对我国肝脏外科技
术进行了一系列重大改进。
1986 年，在国内首次报告应用
碘油经肝动脉造影定位诊断肝
癌，为我国肝癌定位诊断和治
疗奠定了基础。1987 年在国

际上首次使用核素^{125}I标记碘油，并联合化疗药物阿霉素等制成
抗癌乳剂，以碘油能长期滞留肿瘤区域的特性为载体，为肝癌导向
综合治疗开辟了新途径。迄今为止，已完成各种术式肝癌肝切除
手术3000余例，术后行现代综合治疗，5年生存率36%，其中50多
例生存10年以上。前述成功开展的活体肝移植均由他主持完成。
他曾先后承担近20项国家、部、省、厅级科研课题；在国内外学术
期刊上发表论文200多篇，获各级科研成果奖10余项，其中包括中
华医学科技进步奖2项，江苏省科技进步奖1项，吴孟超肝胆外科
医学奖。先后多次获得各级政府授予的个人荣誉称号。

　　据了解，20世纪90年代初上马活体肝移植伊始，王学浩曾顶
着极大的压力——一件新生事物，压力来自方方面面，其间的艰难
大约可以概括为"惊心动魄"了。而如今的肝移植中心，已形成两
个病区、80张床位、一个研究室、70多位工作人员的规模。其中博
士生导师1名、教授3人、博士6人，博士生、硕士生40多人。6个
手术组中的4个组可以同时进行肝脏移植手术。他带出来的学生
已有多人可以独立主刀肝移植手术，其中一些被输送到全国各地。
同时，高水平的肝胆外科中心又不断吸引全国人才加盟这个团队。

王学浩，一个陌生又极富挑战的名字。

之所以如此说，是因为，若不是卫生部科技司司长祁国明向记者推荐，又如果不是我们上网浏览的话，竟对他几乎一无所知。而事实上，这位一向低调的60岁苏北人、江苏省人民医院肝脏移植中心主任王学浩教授，和他麾下的同行，在活体肝移植领域已经摸爬滚打十年了，其赫赫战绩是前后创下了活体肝移植的一项世界第一，八项全国第一：

□ 1995年1月成功完成我国内地首例活体肝移植。

□ 2001年1月成功为一例Wilson病（肝豆状核变性）患儿实施了活体肝移植，这是我国大陆首次完全依靠自己的技术力量完成的亲体肝移植。

□ 2001年6月，6天之内成功为一例6岁患儿连续实施活体肝移植、肝动脉重建、减体积再次肝移植共3次大手术，创中国内地之最。

□ 2002年2月成功为一例急性肝功能衰竭伴IV期肝性脑病病人行中国大陆首例急诊成人右叶供肝活体肝移植。经检索，仅美国弗吉尼亚医学院报道过一例，本组报道为世界第二例。

□ 2001年，首次采用独创的供、受体肝静脉及腔静脉扩大联合成型吻合技术，从根本上解决了移植物流出道易扭曲、梗阻的难题。

□ 活体肝移植治疗Wilson病，病人术后不仅肝功能、铜氧化酶等主要指标均恢复正常，且神经、精神症状显著改善，生活质量提高。本组报告病例达25例，经文献检索，是目前国际上亲体肝移植研究最细、单中心报告最多的，为全球领先。

□ 完成活体肝移植占我国大陆活体肝移植总数的60%，居国内第一。

□ 建立了完善的供肝者随访系统。所有供肝者均迅速恢复健康，生活、工作、劳动与术前无异。供肝者报告数在国内最多，对其随访时间最长的已达8年，证实活体肝移植供者术后近、远期的安全性，为活体肝移植在我国内地深入开展奠定了基础。

让我们将镜头聚焦他及他领导的肝移植中心。

推开王学浩办公室的门，一个身材并不高大伟岸的医生向我伸出手来，在握住那只执手术刀，游刃于肝胆之间的手的瞬间，我感觉出一种力量。

"外国人能做的我们也能做，而且不差！"
"如果哪天我为此坐牢只要你们记得给我送饭就行"

记者：据说日本和美国开展活体肝移植最早，我们和他们比处于一个什么情况？

王学浩：我们是 1995 年做成功的，基本上和国际同步。日本是 1993 年，美国是 1994 年前后。日本的京都大学做得最多，至今做了 600 多例。

在活体肝移植治疗 Wilson 病方面，开始是日本京都大学做得最多，为 11 例，而现在，我们中心已经超过它了，做了 25 例，总生存率达到 95%。这个病的症状一是表现在肝上，再就是神经系统。以往认为病人出现神经系统症状后再做手术也不能使之改变。我们通过手术实践后发现，大多数患儿神经症状获得完全缓解，改变了学术界长期以来的这一概念。肝移植治疗 Wilson 病的手术较肝移植治疗其他肝病手术难度更大。因为受体接受的肝脏小了不够用，切多了供体又会有生命危险，这是两条命啊！掌握这个度非常重要，风险非常大。另外就是我们在 2002 年成功为一例急性肝功能衰竭伴Ⅳ期肝性脑病病人做的急诊成人间右叶活体肝移植，风险也是极大的。这例 35 岁的男性病人如不手术只能等死了。占肝脏比重 60% 的右半肝被切除，很可能造成健康供者的肝衰竭，供者的风险大幅度上升。

画外音：世界上已发生过七八例供体死亡事件。2007 年美国一位肝移植的供体死亡，其妻在议会大楼前举着牌子称：医生杀死了我的丈夫！引起很大震动，该医生因此放弃行医。故活体肝移植不是所有医院都敢做的。在中国当前的行医环境下，一旦出现供体死亡事件，其后果不堪设想，谁又能来保护医生的权益？

记者：担这么大的风险，万一发生意外你考虑过后果吗？

王学浩：医学没有百分之百的保险。手术的风险和难度是很大，我在美国时就想，外国人能做的中国人也能做，而且不见得比他们差。既然已走到这条路上了，当医生哪个没有风险，只是这个风险更大些。你不做手术那些病人很快就会死。再说，要想走在世界医学的前列，就是要承担一定的风险。当然首先要技术过硬，然后就是要有胆量。这个胆量不是盲目的，手术前要制订周密的计划，把风险降到最低。江苏省、我们医院对我们支持的力度是很大的,没有强大的经济支援、没有领导的支持,也没有哪个敢做。

画外音:李国强博士告诉我"王主任曾经对我们说过这样一句话:'如果哪一天,我因为做活体肝移植发生了纠纷而坐牢,你们能记得给我送饭就行了。'这说明主任作为学科带头人已经做好了承担风险的准备。虽然现在大家都知道活体肝移植代表着一个很好方向,是一个非常新、非常好的技术,一些医院也不是没有这个技术力量,但就是谁敢承担这个医疗责任和压力。毕竟活体肝移植在世界上兴起才不过 10 年,虽然有很大发展,但还有很多未知的东西和盲点。"

记者:你为什么要选择肝胆外科?

王学浩:肝胆外科是普通外科的前沿。我喜欢挑战性的东西。

记者:可是挑战性的东西不一定都能成功呀,你哪儿来那么大的能量总去迎接挑战呢?

王学浩:我没有什么能量,可能是性格决定的吧。

记者:你是一个什么样性格的人?

王学浩:我应该算是一个勇于进取,在学术上敢于挑战的人吧。认准了,再大的阻力我也肯定要走到底。阻力不仅是技术上的问题,还有各种各样的其他问题。事业要做强做大,就会有很多事情需要去做,这里面有人际交往沟通的问题,有组织的问题,你必须去协调去做。

记者:你从医几十年,尤其是从事肝脏移植工作以来最大的感悟是什么?

王学浩:感悟有三点,一是各级领导大力、坚决的支持,从经费到包括纠纷方面的问题。否则活体肝移植这么大的课题,高难度、高风险的手术,谁敢做。二是要靠这个团队,现在这里有张峰教授、李相成教授、李君教授,还有一群博士生。如果没有他们,这个事业是干不起来的。肝移植它反映的是一个学科群,一个学科组的精神,而不是一两个人。它分工是很细的,缝血管,切肝,然后再整合起来,成为一体,确实要靠一个团队精神,充分发挥每个人的作用。我们有争论,甚至学生和老师也有争论,但争论完就完了,谁也不放心里去。三是我作为学科带头人,要敢于承担风险、勇于进取。也有过失败和心酸的时候,但是看准的方向,不管有多大困难都要坚定不移地带领大家一步一步地走下去。

记者:你下一步的目标是什么?

感悟医学家

MEDICINE

王学浩：继续保持活体肝移植国内领先地位,扩大病例数,开辟临床和基础研究,让我们真正成为中国活体肝移植的培训基地;争取在世界上成为具有一定地位、一定特色的活体肝移植中心。

记者：你有什么业余爱好?

王学浩：喜欢打乒乓球。

记者：为什么选择打乒乓球呢,是年轻时就喜欢吗?

王学浩：上学时就打得好。它是个全身运动,对思维、对各个方面的反应都有重要作用。比如手的灵活,对球的判断的灵敏性。

"红花们"眼中的"红花"
——"他是我们的精神支柱,和他在一起你会永不懈怠!"

在交谈中,我们多次谈到王学浩的得力干将们。我曾说:"一个事业做得好,红花还要绿叶配。"他立刻纠正说:"他们都是红花。"

在王学浩的介绍下,我得以认识了为活体肝移植立下汗马功劳的这个团队的"红花们"——"这是张峰教授,在日本京都大学研修多次。他的特长是在不停止血流的情况下,将供肝者的部分肝脏从整肝上切下,并最大限度地减少供体的出血;这是李相成主任医师,我的博士毕业生,在美国匹兹堡大学医院世界肝移植中心深造过。特长是肝脏血管的吻合,胆管的重建。在显微镜下将病人体内的肝动、静脉缝合得'天衣无缝'绝不是一件容易的事! 这是李君教授,汤钊猷院士的博士生……"

张峰教授(肝移植中心副主任,王学浩的博士毕业生)：王主任是个干事业的人,是个面对困难不屈不挠的人。我们开始遇到很多困难,是很艰辛的。我们叫屡战屡败,屡败屡战,但他总是不达目的誓不罢休。

李相成主任医师(肝移植中心副主任,王学浩的博士毕业生)：我们做肝移植完全是自己摸索的,拼着一口气做成功。王主任有很强的亲和力和威信,我们大多数是他的学生,为他孜孜以求、不折不挠的工作精神感染。

李君教授(外科副主任)：回国后可选择的地方很多,为什么选择这里呢,主要是因为这里的起点、平台高,几年来这个队伍的工作卓有成效,在国内形成了一定的影响。另外最重要的是这里的人员结构等对个人的发展有利。

范烨（博士生）：对这个团队感受最深的就是两个字"敬业"。从老师身上学到的不仅是技术还有为人。现在我们的事业很兴旺，可起步时的艰难，是听师兄们说过的，几天几夜不回家。病人术后在 ICU，王主任带领大家 72 小时守候在病人身边。困了就坐着眯一下。这虽然不是什么惊天动地的事，但这种精神给我们的感染力是很大的。有一个词是形容艺术家的，叫德艺双馨。其实做外科医生也是一门艺术，包括它的手术技巧以及和病人沟通的技巧。除了手术技巧达到国内顶尖水平外，他们的医德、为人，都对我们学生起到模范作用。我们在做一个科研可能更在意的是它的技术问题，而在老师们的眼里，他们追求更多的是这个技术能给病人带来什么好处、给我们的临床带来什么便利，所有科研必须服务病人、服务临床，不然就没有意义。由此在供肝匮乏的情况下，为挽救更多需要肝移植的病人，他们开始对活体肝移植技术攻关。

姚爱华（博士生）：我是从上海医科大学毕业的。当我要报这里肝移植专业硕士研究生时，这个医院的朋友就告诫我，他们做肝移植几天几夜都不回家的，你能吃得消吗！他们的王主任非常非常敬业，太让人敬佩了！当我成为这里的一员后，我深深感到，这个团队能走到今天，靠的就是王主任的带头人作用。他有很强的组织能力，对事业不懈追求。我们真的很崇拜他这种勇往直前、奋斗不息的精神。在一次肝移植手术中，晚上 11 点多了，我感觉很疲劳，主任暂时不在，就溜下手术台，想睡上 30 多分钟再看看有什么需要我上台做助手的。谁知，一下就睡过去了。第二天听说，王主任又来到手术室，问起我上哪里去了。你看，他的精力多旺盛，有时我们年轻人都赶不上他。为了病人，四五天、最长有 7 天不离开医院，这已经成了我们中心的传统。一些像他这个年龄的有成就的人，往往不太想做很大的事了。但他不一样，我们中心和中心实验室正在扩建，还在引进博士、博士后。我们有很多工作要去做，压力虽然大，但他的精神激励我们，成为我们的精神支柱，和他在一起会永不懈怠。他和几个副主任、导师和我们交流时非常民主，我们想说什么就说什么。这个团队大家相处得非常好。我在博士生面试时说，为什么要继续在这里选攻博士呢，就是王主任及其他老师的精神感动着我。

成峰博士：我从读硕士、博士毕业，跟随王主任 7 年了，你要我一句话概括王主任的人格，那就是：坚韧不拔的意志、永不退缩的勇气。你要知道，在

感悟医学家

MEDICINE

生死间作出判断往往是很难的,要有很大的勇气,要敢于承担责任。

张传永博士: 这个团队的带头人和良好氛围吸引人。我是上海长征医院的博士毕业生,年轻人在选择去向时,首先考虑选择环境对自己发展有利、有良好成长空间的地方。王主任和我们年龄相差很多,但心态很年轻,我们容易和他沟通。心态年轻、不保守,这对学科发展是有利的。

王红霞护士长: 王主任为人正直,受人爱戴。他关心护士的工作,点点滴滴的小事感动着我们。肝移植病人术后护理工作繁重、责任重大,他那么忙总是抽出时间来看望病人、询问护士工作有什么困难。对我们的辛苦,他除了鼓励外,还拿出个人获奖的钱奖励大家,使大家更有干劲。他获得的奖金都拿到科里,和副主任、护士长们一起商量如何使用。

李梦芸科秘书: 王主任很廉洁,他从不收病人红包并且教育其他医生也不收。肝移植这么大的手术,病人一般送礼挺重的,他对病人和家属说,你们没有必要送红包,送不送我们都会对你们全心全意负责的,一个家庭承担肝移植手术的费用已经很不容易了。我们科进大型医疗设备他从不拿不该拿的钱,否则他会很不安,整晚睡不着觉。一次他在厂家送的茶叶盒里发现了钱,立刻对他们说,如果你这样做,我绝不会买你的东西。

如果我是一个青年外科医生,我会向往这儿吗?

我听见自己回答的声音,是的。

采访侧记

"你给我的第一印象并不像富于挑战的人。"我曾坦率地对王学浩说。

尽管他对于自己曾经说过的关于"坐牢"的悲壮,只淡淡地表示"这是说着玩的。"但两天里,紧随他,却感觉到这"淡淡"的背后是扑面而来的惊涛骇浪。我一次一次地试图接近他的内心,渴望去揭示他不苟言笑但并不严厉的外表后面,那聚集起搏击风浪力量的来源——在他简朴的办公室与他交谈、在看他查房、在现代化的手术室看他做手术、在移植中心会议室与他和他的同事们座谈……甚至布置"作业"让他思考,第二天能给我一个满意的"答卷",但仍颇感迷惑。多少次他一句"实在想不起说什么"让人无语;多少次拍照让人起急——按下快门儿的一刹那,脸立刻绷起,身体立刻僵硬,我戏称他全身呈"角弓反张"状。你不得不像导演一样,为他的身体、头、手、眼神,设计摆放的位置,甚至来点搞笑使其放松。只是我提出要看他打乒乓球时他表现得最为"配合"。球案前的王学浩生龙活虎,和他的爱将们彼此当仁不让。他动作敏捷矫健,挥拍抽杀凌厉,伴着呼啸声、举着双臂,叫好声不绝于耳,俨然换了一个人!

这个时候,被一面掩盖的另一面凸显,我顿悟人性的两面性。而内敛往往亦是一种风范——将"推手"演绎到了极致的王学浩!

感悟医学家

MEDICINE

2006 年 1 月 12 日,美国《新英格兰医学杂志》,一篇题为《贝那普利对晚期慢性肾功能不全的有效性和安全性》的论文聚焦了海内外业内科学家的目光。为此文配发的社论评价称,该循证临床试验"改变了我们对慢性肾脏病禁用肾素血管紧张素系统抑制剂(RASI)的传统理念……是改变我们对慢性肾脏病治疗策略的时候了"。这是在中国内地进行的、由内地学者独立完成,在该杂志发表论著文章的零的突破! 能在这份全球顶尖医学杂志刊登论文,好比摘取了皇冠上的钻石,意味着名誉和成就等身。全世界每个医生一生都在梦寐以求。

一个铿锵的声音说:"这不是原始动力! 如果说为了得诺贝尔奖去做科研是很危险的;而为了发表论文去做临床研究的话,就更加危险!"

这个声音来自论文的主创者侯凡凡。"因为我们面对的是病人的生命!"口吻坚定得毋庸置疑!

2007 年 12 月,南国午后的阳光斜划过侯凡凡的脸庞,斑驳树影投下的碎片笼罩着她,就像生活中的无数碎片包围着她。但是无论怎样,她的面孔总是写满了生动、美丽和坚毅,一如她轻盈优雅体态中喷涌的刚强;一如风雨中的玫瑰,仰首挺立地演绎着千万朵的向往。对着镜头中的她,我总在说:"头低点、低点,再低点……"

侯凡凡:最是那昂首的妩媚

郝新平 许 倩

侯凡凡,现任广州南方医科大学南方医院肾内科主任、南方医科大学肾脏病研究所所长。

以第一完成人获国家科技进步二等奖 2 项;部、省级科技进步一等奖 3 项,二等奖 3 项;2006 年何梁何利基金"科学与技术进步奖"等。

兼任：中华医学会肾脏病学分会常务委员、中央保健委员会会诊专家、香港肾脏教育研究基金会等机构和院校客座教授，*Nephrology Subject Editor*、《中国血液净化》杂志副主编，《中华医学杂志（英文版）》、《中华内科杂志》等13家国内期刊编委。

学术观点被载入8部国外教科书中，包括两部称作肾脏病学"圣经"的经典教科书；3次受邀为国外期刊撰写述评；12次担任国际学术会议或国外著名院校特邀讲者；论文4次在国际主要学会获奖。获中国医师学会"中国医师奖"，荣立过二等功、三等功；个人及其领导的研究所获多项军内外颁发荣誉称号。

感悟医学家

MEDICINE

南方医科大学南方医院。侯凡凡还出差在外，她的老师张训教授领我们走进她的办公室。阳光洒在窗下的长沙发上，毯子卷放在一角。"累了的时候她也能休息休息，虽然她家就在5分钟的路程之内"；书柜占据了整整一面墙，"她说最享受的事情就是在阳光下捧着一本小说读"，可整个书柜找不到一本专业之外的书；摆放的照片中，有一张吸引着我们的视线，身着深色晚礼服、佩戴宝石项链和耳坠的她在对着我们微笑，美丽优雅，恬淡自信，柔情似水，"论搭配、论穿衣，科里的小青年也赶不上她"；桌面上、挂历上、台灯上、空调下……挂着充满情趣的布艺摆设，"她喜欢这些，她喜欢的多了，就是没时间"；办公桌上摆满了文稿和资料，桌子正前方摆着一个工艺品———把横架着的青铜古剑……

十年磨一剑：就是想解决临床的一些实际问题

"做临床研究，就像十年磨一剑。"谈到《新英格兰医学杂志》上刊登的那篇文章时，侯凡凡的目光落在了那把剑上。"在中国做临床研究真的很难，但是中国临床太需要了！为了提高治疗水平，我觉得中国医生真的应该做这个事情啊，如果中国医生不研究中国病人的特点，难道要让外国人去研究?"

记者:当初你为什么选择这个课题去做呢?

侯凡凡:几年前,一对中年夫妻走进我的诊室,检查结果显示丈夫的病情已经到了尿毒症的阶段,要么做肾移植,要么靠透析维持生命。向病人讲明病情后,他们问:"透析要多少钱?"我如实回答:"一年大概要六七万。"听到这里,夫妻两人抱头痛哭。他们太绝望了。那天我难过得吃不下饭。在中国,有90%的尿毒症病人得不到透析治疗。有这么多人在绝望中等待生命的完结,揪心啊!

侯凡凡想通过临床研究,为改变这一现状的行动提供根据,为那些绝望的晚期肾病病人做点什么。

在临床工作中,根据以往教科书所述,对于血清肌酐水平大于 3.0 mg/dl 的晚期慢性肾脏病病人,RASI 类药物是禁用的。但是侯凡凡和她的团队在前期研究中发现,这类药可能延缓病程发展至尿毒症的时间。延缓 3 ~ 5 年,对于人的一生可能是微不足道的,可是,"那个病人求我,他说他要是透析,一个家就塌了,他说只需要拖到他的女儿考上大学,他死了都行。他们说只需 3 年的时间啊!"侯凡凡谈起她的病人就没有笑过。把病人开始透析的时间延迟 3 ~ 5 年,这对一个家庭的经济负担、一个国家的医疗经济,将是怎样的改观。后者或许是我们无法想象的一个数字。这篇论文的结论带来如此大的社会效益和经济效益,使它在《新英格兰医学杂志》发表后,又先后被多家国外相关权威杂志转载,并收入 2007 年美国 *The Kidney*(《肾脏》第 8 版)这一被称为世界肾脏病学圣经的典籍之中。2007 年 7 月,美国 *Ann Intern Med*(2007,147:104)总结"内科学最重要的新进展"时,侯凡凡等完成的《RASI 延缓晚期肾功能不全进展研究》,成为其中唯一由中国人完成的课题。著名的美国约翰斯·霍普金斯大学医学院就这一研究请侯凡凡去讲学。

记者:面对这个成就你想得最多的是什么?

侯凡凡:就是在中国做临床科研非常难,非常不容易被别人理解。人家看到的就是你拿到了什么荣誉,但是背后的过程别人看不到。也有人说你们做这个研究就是为了发表文章。其实我们开始做这项研究的时候,根本就没有想到去发文章。这不是原始动力。我们的团队都很清楚,我总是讲一句话,如果说为了得诺贝尔奖去做科学研究是危险的,那么为了发表文章去做临床研究就是更加危险的。因为我们的研究对象是病人,我们是在做一件关系病人生命的事情。我们的目的就是解决一些临床实际问题。把这个事情提出来,希望大家理解我们,希望病人理解我们。帮助我们完成更多类似的有助于提高治疗效果的临床研究。我通常不接受采访,但是这次我还是接受了。一是你们报社的声誉,再就是呼吁同道和病人们,能够和我们一起来做好临床研究。中国的病人太多了,只靠任何一家医院都不可能做好。

"忧郁"——医者职业的人性操守

我知道,一生太多的坎坷、掣肘和曲解,使这位坚强的女医学家时时流露出郁闷的情绪。对病人心怀悲悯,又使她总在郁郁地唠叨:"每天看到这些病人,你怎么吃得下饭呢!"不过,她的义无反顾、她的执著投入从未有丝毫懈怠,这些和成就、病人的拥戴划了等号。惟其如此,侯凡凡才是侯凡凡!

"忧郁"是她身上一个挥之不去的符号。"是啊,是啊。"每当这时,我只有轻轻地应着,不知道怎样宽慰她。也许她根本就不需要。"妈妈不允许我在她面前掉眼泪。所以我就是个不太会哭的人,无论多难,自己忍受!"看来,静静地听她倾诉衷肠就是最好的宽慰。我想到一位中国著名的医学人文专家说得好,对于医生来说**"回避'忧郁'无异于心志麻木,或者漠视苦难。因此,大牌医学家都有一双忧郁的眼睛……"**正是基于心系病人忧郁之忧郁,侯凡凡才自愿走上这条艰难的循临床之证的道路,为临床病人实实在在地解除苦难。是啊,两个月前,我也曾看到过这样的"眼睛"。在加拿大白求恩故居。

从1999年侯凡凡等人启动这项研究,到2006年文章发表在《新英格兰医学杂志》上,7年,多少临床医生能够坚持7年得一个结论,等待7年换一篇文章!这就是坚守。这坚守是一种直面苦难、洞察未来的心性,一种人生态度、一种对科学的忠诚守望、一种对人性和职业价值的叩问。在充满浮躁和急功近利风气的当今社会,我们多么渴望它的回归!

　　被誉为全军一代名师的张教授说到他的这位高徒时常常激动得不能自已。他说,这篇文章出来的时候,大家称赞侯凡凡是"一个敢闯医学禁区的人"。要闯医学禁区,侯凡凡顶着多大压力,多少人真正知道? 他说:"在我带过的这么多学生中,没有像她这样投入的,忘我地投入,不仅忘我,连家都忘了!"20 世纪 70 年代末,在解放军 86 医院工作时,工农兵学员出身的侯凡凡,熄灯后到厕所里念英文,一念就到 12 点。工作起来她从来不知道该吃饭、该下班、该睡觉了。"她的投入,可以投入到什么程度呢? 她有个特点,要想什么问题,她脑子里就没有别的了,有时走路的时候都在思考,入神到别人叫她都听不到,人家说她架子大,不理人。她身体不好,晚上要吃安眠药,她在想一个问题时,可以彻夜不眠。她写东西不列提纲,是整个文章在脑子里构思好了才动笔,下笔千言。人家说怎么写得那么快啊,我就说,你没看到写作之前她在办公室'发呆'用了多长时间。侯凡凡的发呆在医院颇有名气。"关于这一点,侯凡凡不好意思地向我们坦承:"我真的不是架子大!"

　　有位医学人文专家还说:"'忧郁'的季节是发现和创新的季节,大凡新理论、新学说、新技术、新方案突破坚壳,脱颖而出的前夕,事主总是与忧郁相随,与苦闷相伴。没有品尝过'呆若木鸡'、'无限惆怅'的滋味,就无法感受'蟾宫折桂'的欣喜和狂乱。"

　　侯凡凡的欣喜也许是短暂的。一个单纯的人,其想法亦是单纯和质朴的:"我想我们并不想人家给我们多高的荣誉。我们做临床工作的,一辈子能解决几个问题?我们只有 1/3 的时间能做科研,而且是在业余时间。工作的 8 小时之内很少有时间能做。我们的临床是第一,照顾病人是第一,查房、门诊是第一吧,做科学研究只能是第二。所以我永远不可能与从事基础研究的学者拼文章。人家一辈子写 100 篇,我也许一辈子只能完成 30 篇,因为我们大部分时间要用在病人身上。我们只希望能够坚持多做一些有利于病人的事。"

"'忧郁'不仅是一种表情,还是一种人性立场,一种人文品质的坚持。对医学而言,'忧郁的眼神'里容不得'科学主义'、'技术主义'的沙砾,因为它敬畏自然,倾情生命,敢于质疑技术的权威,反抗盲目的职业自大与技术狂妄……"

肾内科副主任,侯凡凡带出的梁敏博士说,侯教授的科研项目很多,但是临床始终是首位的,她要求我们做科研,第一密切结合临床,第二结合中国国情,第三做前沿的东西。

张教授说,因为被延期,她的女博士生,哪个没哭过鼻子。可侯凡凡一点不心软,还是严格要求。

郭志坚博士说,呆在别人手下,7 年可能论文出了一厚摞了,在侯主任手下不行,她太严格、太认真了,绝不允许把一个研究拆成几块到处发表。她说,我不能帮你们去院里要求什么,但是我可以在科研上帮你,有科研思路来找我,往国外投稿,我给你改好。我们几个博士的论文都在国外影响因子高的杂志上发表了。跟着她,你可能得不到别的好处,可你能真正学到东西!

谢迪硕士说,如果那篇文章早两个月发给《新英格兰医学杂志》,就能赶上 2005 年底我们侯主任参评院士了,但她宁愿做得更完善再出手。

这项随访耗时 5 年多的随机双盲试验,随访病人达 400 多例。本已是被临床判为没有特殊治疗、等待进入尿毒症期的人们,偶然进入侯凡凡的这项临床试验,偶然结识了侯凡凡带领的这支团队。于是,他们接受了无微不至的临床观察和定期检测,他们可以随时拿起电话问这群医生感冒了、拉肚子了、头疼了怎么办?

而这群医生呢,白天上门诊随访病人,晚上整理资料,病房不能放手,实验室里的实验不能丢,病人情况熟烂于心,手机号、家里电话号甚至是年轻医生的 QQ 号都公布给病人。他们为的是让病人随时找到自己,以保证在病人感到不舒服时,能及时就诊,保证不擅自用药影响试验结果。就这样,他们陪伴病人走过没有白天黑夜的 5 个 365 天,他们和病人真的成了朋友。

侯凡凡卧室的枕边放着电话,双人床的另一半却空着。先生一向支持她,可是时常被半夜打来的电话吵醒,天长日久实在受不了,只好搬到另外一个房间。

任何试验都是存在风险的,侯凡凡当然知道,她说"如果当医生的不承担这个风险,就意味着更多的病人一直在承担着风险。"

侯凡凡一再强调,这个试验、这篇文章是他们团队完成的。"一项临床研究,没有一个团队是不可能完成的,我只是起到了凝聚的作用,多动了一些脑子。"

早在美国哈佛大学医学院做研究时,侯凡凡经常抽自己的血做试验,有时一抽就是两三百毫升,总量达近 5000 毫升。

再早的 1988 年,侯凡凡做肾脏多巴胺生成水平测定。因为肾脏多巴胺生成受饮食中摄盐量的影响,为了保证实验的准确性,她动员十几个亲戚朋友和要好的同事参与,到自己家里吃饭。三四天中,大家的食谱和吃盐量保持在同一水平,侯妈妈做厨师。试验之前之后每个人都要抽血四五次,并且留尿。把这些作为正常人的标本,再对照病人的。她得出结论:多巴胺是肾脏的一个激素,可以调节水盐的平衡。这一提法比国外足足早了好几年。

"'忧郁'还是一种心灵深处的淡定与乡愁,一种对弱者与苦难的深切悲悯与同情。对医生而言,'忧郁的眼神'不接纳'物欲主义'、'拜金主义'、'消费主义'的诱惑与绑架,即使守贫担苦,也要坚持医疗服务的'人道原则'与'底线伦理',倡导'适宜技术'、'最低干预'原则的应用和推广。"

在侯凡凡带领下,有口皆碑的是,肾内科穷、最不挣钱。因为给病人用药是最少的,能用一种药,绝不用两种;能用便宜的绝不用贵的,奖金收入自然最少。这对地处当今中国市场经济前沿的广州的一个团队,是多么难得!

从张教授传承到侯教授,吸引了一批事业至上、甘于清贫、乐于奉献的人凝聚在一起,什么事能做不好!如此口碑,口口相传,更吸引来自全国各地的病人,有些远在东北、青海的病人一次看后,定了方案,还要再来这里复

侯凡凡:最是那昂首的妩媚

MEDICINE

诊。侯凡凡对病人之好,无论在病房还是门诊,我们都真切地感受了——病房小病人搂住她亲热无比;出门诊我们算了一下,平均每个就诊者用时 30 分钟,往往下午两三点才能吃上饭。张教授说,一次遇到一例肾穿造影剂过敏的病人,突然休克,心跳呼吸全停,呕吐物从口中涌出。紧急中,侯凡凡俯身用嘴将病人的呕吐物吸出来。梁副主任、护士长胡丽萍说,侯主任对工作人员非常严格,有时脾气急,可对病人从来没急过,可以和病人、家属一谈就是一两个小时。查房时,她可以一直这么走,我们都累得不行了,她还能坚持。"我们科成立以来一直是零投诉!"

面对这样那样的医患矛盾,18 年的零投诉意味什么,不可思议! 好医生的概念是:不仅医术高明、医德高尚,还要敢于对病人承担责任。现在还有谁敢,你不敢,我不敢,可她敢!

"站在山峰上已经不是最精彩的了,攀登的时候才最有意思"

侯凡凡感慨后,不由莞尔。

作为"老三届"中的一员,短暂的下乡之后当上了女兵,虽然进了军区医院,却因"别人都不想去"侯凡凡自告奋勇站出来去炊事班养猪。

"养猪很简单啊,把猪养肥了,事情就做好了。"侯凡凡谈起那段时光,脸上浮现灿烂的笑容。"从某种意义上说,那个时候,我比现在更快乐。"那个时候,侯凡凡爱骑马、爱射击,或许这些硬朗的爱好,也暗示了她性格中的执著和倔强。

从卫生员到护士,一路走来,直到 1970 年,侯凡凡走进第一军医大学,成为一名工农兵学员。

"如果有的选择,我愿意当记者写文章,但是那个时代是不允许选择的。女兵能干什么,学医已经很不错了。"侯凡凡双手揽着膝盖,笑容中带些伤感。张教授曾说:"侯凡凡文笔好,很爱写东西,爱背诵安徒生的童话。"这个聪明的女人,或许写过抒情的诗和散文,却留在那个久远的红色年代,因人生中的拐点而渐行渐远。

"既然当了医生了,我就想当个好医生。"侯凡凡的母亲曾是一位传染病科医生,侯凡凡还清楚地记得小时候妈妈值急诊班,一值就是一个月,为了便于女儿照顾自己,不得不剪去她心爱的长辫子。"知道医生辛苦,也要做,因为已经是医生了。"

"我很幸运啊,遇到的都是好老师,在南京总医院,张训教授把我领进了肾内科。"

初到南京军区总医院,侯凡凡刚刚晋升为主治医师,适逢欧洲一位学者到医院讲学,侯凡凡用不流利的英语提了一个问题,这位欧洲学者被问住了。会后,学者拉着张教授问:"刚才提问题的人是谁?"当得知侯凡凡仅是一个低年资的主治医师时,惊异之余,他当即表示要收侯凡凡为学生,带回欧洲并负责一切费用。但那时的情况,侯凡凡是不可能成行的。

1989 年,侯凡凡跟随张训教授来到第一军医大学南方医院。"那个时候,还没有肾内科。"临床和实验条件有着预想不到的困难,更难的是侯凡凡面临着"淘汰"。当时,不成文的规定是工农兵学员出身的技术人员很难在大专院校立足。

"有位作家说,我们是缺失的一代。"走在南方医院的林荫路上,侯凡凡平静地和我们交谈。"可是谁愿意缺失?不是不想学啊,是想学没机会学。"

终于到了可以选择的时候。时年已 40 岁的侯凡凡,咬牙考取中山医科大学的博士研究生,师从李仕梅和叶任高教授。40 岁的副教授,要和 20 多岁的学生站在同一个起跑线上,并且因为没有正规本科学历,还要补修几乎全部硕士课程。于是,侯凡凡搬出同在一个城市的家,住进学生宿舍,10 岁的孩子留给年近古稀的母亲,忙于事业的爱人只能自己照顾自己了。

三年中,侯凡凡居然"拼"过了 20 多岁的同学们,同学中流传着她的 4 个"最",年龄最大,职称最高,学位最低,但成绩最好。张教授激动地回忆:"我参加了她的博士答辩,时任中山医科大学的校长说,希望将来的博士生都能像侯凡凡一样。"侯凡凡的博士学位课题是《Tamm – horsfall 蛋白在肾小管间质肾炎免疫发病机制中的作用》,用实验结果平息了国际上一项学术争论,证实间质性肾炎是一类由单核、巨噬细胞介导的免疫性炎症防御。论文于 1995 年获国家教委科技进步一等奖。

这项研究成果使侯凡凡破格晋升为教授和主任医师,这已经是教学和临床最高级别的职称了,在别人可能已经很满足了,可是两年后,侯凡凡作出另一个选择。

1995 年 6 月，侯凡凡有机会到美国哈佛大学医学院学习一年。对没有受过系统英语教育的侯凡凡，到世界瞩目的医学机构去无疑是一次挑战。在美国，侯凡凡发现国际肾脏病学会（ISN）的一个资助基金，拿到这个基金，可以做更多的事情。很快申请有了回复——侯凡凡各项条件都很优秀，可惜年龄超过资助年限。那年，她 45 岁。

"我急坏了，如果得到那个基金资助，我能再呆两年，做出很漂亮的结果，"侯凡凡指着书架上的一张合影，"喏，就是那位，Weening 教授，时为 ISN 秘书长，后来任过主席，在荷兰。我拿起电话就打过去了。"

侯凡凡先问："你知道我为什么这么大年龄才申请这个基金吗？"电话那边回答得非常绅士："那你讲讲吧。"侯凡凡开始讲"文化大革命"、讲上山下乡、讲无法选择的工农兵学员，侯凡凡说，"我没有机会在相同的年龄里接受教育，但是这个并不妨碍我以自学的方法达到你的要求。"电话那边问："你只有 3 年接受正规英语教育的背景，这会不会妨碍你在美国的交流？"侯凡凡回答："我正在和你交流，我们交流有困难吗？"Weening 教授笑了，或许被这个执著、倔强又聪慧的中国女人感动了，说："我会尽力帮助你。"

"结果是，我得到了那个基金资助。后来去荷兰开会，专门去看他，我说因为你的帮助，使我弥补了一段学术成长道路上的缺陷。以后每次遇到他，他都说'凡凡侯，我记得你！'"

侯凡凡没有辜负 Weening 教授的信任，在哈佛三年半的时间里，她阐明了慢性肾脏病致残性骨关节并发症 – 透析相关性淀粉样变的发病机制，揭示了 β_{2m} 淀粉样蛋白选择沉积的机制，提出"β_{2m} 原位修饰"假说，被载入多部国外教科书。

面临去留的问题时，侯凡凡有点踌躇不决了。时任哈佛大学医学院肾科主任的 Brenner 教授请侯凡凡留下，想派她作为美方代表前往哈佛 – 新加坡肾脏病研究中心工作，年薪 10 万美元，有房有车。"说真的，我有点犹豫。可是想到那样可能真的永远回不了国了，我放不下。"最终，她回来了。

梁敏博士回忆说，"我们到机场接她，几个大箱子，很沉很沉的，当时不知道是什么。"那是侯凡凡自费从国外带回来的价值 4 万美元的试剂，她把每一个试剂的保存条件、实验条件等等都细致地记录在一个本子上。"那些试剂对我们帮助太大了，很多都是国内买不到的，我们的科研就开始一项接着一项地搞起来……"

"我觉得还有几件事情我们一定要做……"夜,瞬时光华。不知已聊了多久,侯凡凡的经历在脑海中缓缓聚拢,她的人格该用哪一句话丈量? 此刻,她就坐在我的身旁,我们已不陌生。于是我忽然想到借用这句话——"天地之间最薄的是心,最厚的也是心。"

是啊,在这个世界上,不抱任何诌媚的心态追逐什么,唯愿别人因你的存在而幸福多一些。我敬重这淡定超然的禅境,珍视这纯净美丽的心灵。

采访侧记

那日,从病区门口一眼望去,走廊的一干人中便认定了她:苗条、高挑,挽着发髻。一个优美的转身,她快步向我们走来,随着足下黑色半高跟皮鞋的"哒哒"声,合体的白大衣开叉处露出黑白格短裙;贝色耳钉衬着姣好的脸庞,双眉修得柔和有致。无论什么场合,她一定是最吸引你眼球的人。因为她那种耐看的美,因为她的干练、爽朗和骨子里透着的刚毅。与她接触的两天中,两套衣服,搭配不同的项链和耳钉,相得益彰且不奢华。"看到一个精神焕发、衣着得体的医生和一个邋遢的医生,病人的心情和信任度,是完全不一样的!"侯凡凡说。

她常笑着聊曾经的爱好,生活中的事:在广州布匹市场淘布料、卡布奇诺咖啡、安徒生童话、海外读书的儿子娶了漂亮媳妇……

女人的天性演绎得如此完美,她是那个永不会低头、成就斐然的科学家!

侯凡凡:最是那昂首的妩媚

MEDICINE

白求恩:中国人永远的感恩情结

——走笔白求恩故乡格雷文赫斯特

郝新平

一个以往我们不知道的白求恩。我走过去了,试图近些看清他,可并不容易。那灵魂之伟岸、丰富,远不是我的目力所及。精神上经过"炼狱"的过程中,我尽力去做了——还原一个真实的白求恩!

转过身来,轻吁一声,些许的释怀,对自己。可直面那伟大的灵魂时呢⋯⋯

——采访自白

此刻,我终于踏上生你、养你的这片热土了

伟大的灵魂,归来兮!

人杰地灵的格雷文赫斯特

10 月的加拿大,从多伦多向北开车两小时,沿途的枫林、松林、火炬树,火红、鲜黄、碧绿,层林尽染,争奇斗艳,美不胜收。白求恩的家乡格雷文赫斯特(Gravenhurst)地处安大略省著名的马斯科卡风景区。沿着白求恩路,来到约翰街和休逊街的交叉口处。猛然间看到大幅白求恩画像立于路旁的一幢白房子边。呵,这就是了。

白求恩故居的房屋,乃维多利亚时代的建筑。淡绿色二层小楼,掩映在五彩斑斓的树木中。楼前绿色草坪，红叶层层撒落其间，景色分外秀美。我弯下腰来，拾起几片红叶，是白求恩家枫树上的红叶呵，随手夹在《国际共产主义战士白求恩作品集》中。直起身来，蓦然回首，那小楼所有的玻璃窗，竟都是燃烧着的火！这就是孕育了白求恩的地方，一个人杰地灵的小镇。在这色彩浓重的梦幻中，白求恩走出去，走遍加拿大、北美和全世界……是什么驱使他远赴中国那战乱频仍的穷乡僻壤，为那些黑头发，黄皮肤的异国人献出自己的一切以至生命？如果人真的有灵魂，白求恩的灵魂会回归故里吗？

呵，他该回来了，当家乡的枫叶又红了 68 次，映红那屋顶、那门、那窗、那天良道德和感恩的心扉。他看到的是，他的国家、他的同胞和他为之献身的异国兄弟们，在他的家乡献上的虔诚、敬仰和思念。

1972 年白求恩获得"加拿大历史名人"称号。1998 年，他的名字被载入加拿大医学名人册。2004 年"最伟大的加拿大人"评选中，他被选为第 26 位伟人，排在席琳·迪翁之前。

从故居和纪念馆看我所不知道的白求恩

2007 年 10 月 9 日，在加拿大医务人员即将来华重走白求恩路之前，记者专程来到白求恩家乡。

听说我是 200 万中国医生案头报纸的记者,馆长斯科特·戴维森和工作人员表示出极大的热情。尽管已临近闭馆,他们还是纷纷与记者交谈。他们主动告诉记者,加拿大医生要到中国重走白求恩路了。馆长接受记者的采访时满怀深情地说:"白求恩是在中国去世的,那是一个故事的结束。你们和所有的中国人一样,来到这里参观,就仿佛是一个故事的开始。这样,整个故事就完满了。"

故居小楼建于 1880 年,在加拿大政府购买作为历史名胜前,一直是历任长老会牧师住宅。从屋内的一应摆设来看,这是一个家道富有、修养高

雅、受人尊重的家庭。一楼是白求恩父母的书房、会客室、餐厅,一架钢琴和所有的家具一样,古色古香,为这房子增辉不少。据说,白求恩的母亲喜欢弹奏钢琴,有颇高的艺术造诣。二楼是白求恩父母的卧室、白求恩出生的房间及他的床。梳妆台镜子旁的一张纸上书写着的诗,是欣喜的父亲因为白求恩的降生,而抄写送给母亲的。二楼还专辟了白求恩生平展览,有他 1916 年从多伦多大学毕业时的照片——英俊潇洒的青年白求恩,踌躇满志地傲视着我们。"我要为人类做一些事情,一些了不起的事情,这些事情要在我死前完成。"早年他曾说过这样的话。我想,成为他立下此大志的起点,大概是少年白求恩立志学医时,做医生的祖父教导他的话深深烙进他的心里:在医生的心目中,别人的生命更有价值。这成为白求恩一生恪守的行医之本。

在这间屋子,我惊喜地发现,我的表哥、国画家李琦教授创作的那幅国人十分熟悉的肖像画《白求恩大夫》,悬挂在显著的位置。工作人员告诉我:"一个微笑的白求恩"是这幅画很受欢迎的原因。因为所有白求恩的图片或画像展现的都是一个面色严峻的白求恩。一位女馆员兴奋地对我说:"李琦在这里很有名,我很崇拜他","是白求恩让李琦有了名。我回去告诉他,他一定会很开心的。"不久前刚刚挂出的"中加友谊毯"是为庆祝建馆 30 周年,由格雷文赫斯特市和中国河北省唐县(白求恩牺牲地)人民花费两年的

时间,共同绣上具有中国和加拿大特色的图案,一式两份,分别交由双方纪念馆保存的。

白求恩纪念馆,一座白色的小楼,距白求恩故居北面 20 米,是政府从白求恩家的邻居处征购来作为纪念馆的。门前大幅白求恩半身画像非常醒目:画面上,类似木刻水印风格勾勒出的白求恩,托腮沉思,双眸凝视前方,身后衬着一片鲜红。这幅画的原型是白求恩 1937 年初摄于西班牙的一幅照片。

纪念馆门厅处一幅由中国油画家绘制的白求恩画像,是我们很眼熟的。旁边玻璃罩中的群像雕塑:白求恩大夫正带领他的医疗队奔走在赴前线救助伤员的路上。这两件作品是 1976 年该馆正式对外开放时,中国政府赠送的。

这里提供有三种文字的纪念馆简介卡,分别以英文、法文和中文书写着"国家历史名胜;白求恩纪念馆;中国人民心目中的英雄——白求恩大夫;白求恩大夫出生于安大略省格雷文赫斯特,死于中国。他以无私精神将生命献给全人类。"

讲解员 Zhang Kun 带我们参观纪念馆。展厅不大,老照片、实物都极为珍贵。白求恩先后研究发明了 14 种手术器械,展柜中有一把以他名字命名的白求恩肋剪,这种肋剪至今还在生产使用。展品中还有白求恩创作的多幅油画作品。除了发表学术论文,他还热衷写散文、诗歌、小说、剧本,并且是个演讲和摄影高手。即使是在中国的艰苦岁月中,每天超负荷医治伤病员之余,他还要不断地撰写文章,其中包括为西方媒体撰写中国抗战报道,给美、加援华委员会、美加同志朋友的报告和信,给毛泽东、聂荣臻的报告和信,撰写的小说、散文等等。加拿大史学家后来将其搜集编辑整理,集结成书出版。在从北京赴温哥华的飞机上,十个小时里,我一直在阅读这本《国际共产主义战士白求恩作品集》。我为他的才华震撼,为他的早逝扼腕痛心。

展品以及随后我们观看的 8 分钟纪录片(很多镜头是我们从来没有看到过的),以不为我们所知的一面展示了一位更立体、丰满、鲜活、全面的白求恩——一个国际公认的具有高超医术的外科医师;一个有深厚文学、艺术造诣的诗人、画家、作家、摄影师;一个有着献身精神和过人精力的人道主义者、宣传家。从其作品和展品中看到,他短暂的生命里,经历极为丰富。49年人生,他驾驭的是波澜壮阔;他留下的是浓艳重彩,其深厚斑斓如彩虹划破天际,笔触奔放、豪迈如剑戟撞击人心。

无畏的战士、激情澎湃的献身者

诺尔曼·白求恩,1890 年 3 月 3 日出生在多伦多市以北 150 千米的这座木材业小城。祖先来自苏格兰和法国。其父马尔科姆·尼科尔森·白求恩是牧师,从白求恩出生至 3 岁,在格雷文赫斯特任牧师。白求恩的祖父是19 世纪下半叶名扬北美的著名外科医生、多伦多大学三一学院医学系的首创者之一。白求恩从懂事起就羡慕挂牌行医的祖父,后来靠勤工助学的方式读完了中学和大学,并获得医学博士学位。他曾两次当选为美洲胸外科学会执行委员和加拿大皇家医学会的顾问。

1924 年,白求恩在美国底特律贫穷的移民和工人社区开诊所,给无法支付费用的人进行免费治疗。1927 年,他患上当时近乎是绝症的肺结核。他坚持采用激烈的有一定危险性的胸腔注气疗法,两个月后,他奇迹般地康复了。纪念馆中陈列着底部带有气泵的白求恩胸腔注气器械,这种器械被医学界使用多年。馆中还展示了白求恩在患病期间,在疗养院的房间四壁贴纸绘制的 9 幅壁画,名为《一个肺结核病人的历程》的复制品,配上他撰写的说明和诗,充满了宗教色彩,反映了他当时的心情,沮丧中仍不乏其一贯的幽默。

白求恩认为穷人和富人应享受同样的健康保障。在加拿大,他成为一个社会化医疗制度的倡导者,始自 1935 ~ 1936 年。他不满足这期间自己在事业上的快速上升——成为美国胸外科协会的成员,并入选该协会的 5 人委员会;他认为健康专业人员要"更经常地讨论时代的大问题"、研究 20 世纪 30 年代大危机对民众健康的影响及健康专业人员从中应起的作用。在一次演讲中,白求恩呼吁——

让我们重新定义医德——不是医生之间的职业准则,而是医务界与民众之间基本道德与公正的准则……我们不应该对民众说:"你有多少钱?"而应该说:"我们怎样才能给你带来最好的服务。"我们的口号应该是:"我们的职责就是保障你的健康。"……我们的医务界必须从科学的象牙塔和以个人的事务的全神贯注中走出来,去关注社会……

医学,这个以人道主义的献身精神为唯一内涵的职业,它的关注点始终是人,而不是其他。自希波克拉底、孙思邈等先贤以来,一直就阐明的这个行医者之本,是亘古不变的。在这里白求恩赋予了它时代内涵。对当代的我们来说,难道不是亦有很大的启示吗?

白求恩对社会不公深恶痛绝,一直寻求解决的办法。20世纪30年代的大危机和1935年8月的苏联之行,使他开始把共产主义作为一个解决社会不公的方案,这成为他此后一直追求的理想。他加入了加拿大共产党。他是在加拿大第一个提出医改的人,尽管他提出的医改没有获得重视,但是他为此奔走呼号,做了极大的努力。由此带来的愤怒失望使白求恩于1936年永远地离开了加拿大。他将"不再"是一个加拿大公民,而成为一个国际主义者,一个"没有"国籍的人。他唯一的归宿是反法西斯战场! 展馆中展示的一组当时的图片反映了这个时期的白求恩。

1936年夏,法西斯势力在西班牙抬头。西班牙内战爆发后,白求恩志愿赴西班牙服务。在那里,他发明的流动血库和输血技术,被誉为军事医学上一个最伟大的创举。展厅里的一组照片撼人心魄:那是9个被战争夺去生命的西班牙孩子的头像,每人头部都有弹孔。展柜中陈列的一个硬皮小本,是白求恩从照片中右下角那个被炸死小男孩手中拾起的日记本。他一直将其带在身边,激励自己去拯救更多人的生命。轰炸难民的行为令白求恩终身难忘,他给妻子弗朗西斯的信中说——

西班牙是我心上的一个伤疤。

1937年,日本发动了侵华战争。白求恩表示——

西班牙和中国都是反侵略战争的一部分,我要到中国去,因为那里的需要最迫切。

中国使白求恩成为千古英雄

这是纪念馆讲解员说的一句解说词。最近,我相继听到过类似的评论:中国造就了全新的白求恩。开始我并不明白这话的含义,因为这个评论是我在以往的报道中从没有见过的。此次采访中,当我进一步接近"他"时,我才知道了,他性格激进、个性暴躁、喜欢冒险、饮酒过度、魅力非凡……但是正像《国际共产主义战士白求恩作品集》的译者所说:"他的光辉形象不会因此受到损害。相反,通过阅读,我们可以触摸到一个真正伟大的灵魂,感受到一种高贵品质和动人的情感。"此书的编著者、加拿大著名史学家拉瑞·汉纳特亦在书中指出:"1939年11月在中国去世的白求恩,已经不是1938年1月刚到中国的白求恩了。两年的时光,非同寻常的环境,奋发向上的人民,这一切都使他产生了巨大的变化。"

1938年1月8日,这位反法西斯的老战士,不远万里来到中国。到延安后,他要求到最前线去抢救伤员。开始,为了他的安全未获批准,安排他在延安工作,白求恩把椅子掷出窗外,以他特有的激进方式表达愤怒。

据白求恩最得力的弟子,时任晋察冀边区卫生部副部长的游胜华将军回忆:"初到晋察冀根据地的白求恩,不了解实情,又比较固执、主观,他提出的建议有的与实际相差太远,要说服他很不容易,当你反驳他的时候,他往往会发脾气,叫喊着处分这个,撤职那个。"刚开始大家都接受不了。他不顾劝阻,坚持要创办一所固定的正规医院。聂荣臻司令员认为,拒绝他等于给他高涨的热情泼了冷水。思考再三,聂司令员采取了一个折中的办法:不完全推翻白求恩的意见,在五台山松岩口后方医院二所进行试办,把一座旧庙作为医院的院址,先期进行改造,并指示卫生部应该尽量支持白求恩同志。聂司令员对游胜华说:"事实会教育他的!"果然,医院仅存在了18天,就被日军烧毁。"战争残酷的事实最终教育了白求恩,脱离了实际就会失败。白求恩认识到了自己的错误,非常坦诚地承认错误和接受了这次教训。吸取教训,适应游击战争的特点,接受八路军的意见,把医院办在群众家里的转变过程,不仅不是贬低白求恩,正好说明了他的襟怀坦荡、实事求是。"

聂司令指示游胜华说,要调一些医生轮流跟白求恩学习,这样的机会是很难得的,采取什么方式跟白求恩学习,要根据当时当地的条件决定。白求恩来边区才几个月,给军区提供了许多好建议。有两条应当重视,第一是伤员受伤后应及时手术,越快越好,把伤员抬到后方再抢救就太晚了。第二是培养我们的技术干部,要两条腿走路,一是学校培养,我们按照白求恩的建议正在计划办学校;二是工作中培养。聂司令强调说:"特别要注意安排好白求恩的生活,对翻译、勤务员、炊事员、马夫、护士,要教育他们安心在白求恩身边工作,要认识到服务好白求恩同志的工作和生活是件光荣的任务,要关心鼓励他们安心工作,大家永远不会忘记他们的功劳的。没有你们帮助白求恩,白求恩是无法工作的。"聂司令员把副官长叫来,指示说:"不是前方送来一件飞行员穿的皮袄吗?送给白求恩御寒,白求恩从延安来时骑的那匹白马太老了,把新缴获的日本大洋马选一匹老实的给白求恩骑,白求恩在加拿大是开汽车上班,在中国是骑马了,白求恩的骑马技术真是进步很快啊!"白求恩受到聂司令员的称赞说:"我是到了延安才开始学习骑马的,现在离开马我就不能上前线了,不过我的骑马技术还得要提高,不然我会从马上掉下来的!"在展厅里,我看到一张白求恩骑着马行进在黄河边的照片,威风凛凛的他雄视前方。

对此,白求恩在日记中说道——

我的确很累,但我已有很长时间没有这么高兴了。我很愉快,因为我做的是我想做的事。为什么我不该高兴——看我是多么富有,首先,我有一份重要的工作,它占据了我从早上5点半到晚上9点的每一分钟。更重要的是,人们表达了对我的需要,满足了我庸俗的虚荣心。我有一名厨师、一名勤务员和我自己的房子,还有一匹日本良种马和一副好马鞍……人们以所能想象得到的亲切和礼貌,把我当做国王般的同志来对待。能够成为同志们中的一员,同他们一起工作,对我而言是一笔宝贵的财富。

在一份加美医疗队的月度报告中,白求恩写道——

我从所有同志那里得到无数的帮助和照顾,我必须向他们致以诚挚的谢意。上自聂将军下到最年轻的勤务兵,所有人的体贴和合作已达到极致,我不可能受到比这更好的待遇了。

在延安认识白求恩的美国人马海德大夫证实说:"白求恩开始丢掉他的坏脾气……某种安静的脾性逐渐在他身上出现。"在中国为白求恩治疗酒精过度的传教士、曾任加拿大联合教会会长的罗伯特·麦克罗尔说:"白求恩被中国人民的英雄主义精神和牺牲精神所鼓舞,克服了他的毛病。"

1939年3月4日是白求恩生日。这天,经过长途跋涉一周和整夜的手术,他竟还能给友人写下长达近6000字的信,解释中国抗日游击战的性质和策略。从中我们看到了他49岁生日是怎么度过的,并看到,先前他在对根据地医疗条件有限和水平差的偏见方面发生的转变。他说道——

行军非常艰辛——我们常常沿着弯弯曲曲的山间小溪，走在崎岖不平的羊肠小道上，然后翻过几千英尺高的山梁，进入另一个山谷，如此这般。尽管我们有马，但多数时间还是步行，步行更快些。我们的脚非常辛苦，因为我们只穿布鞋。布鞋只能撑几天——经常不到一周。我们每天平均行军75里(25英里)……经过一周行军，我们身上都脏得不行，满身虱子和跳蚤……

（……他们都是些农民）想象一下他们的水平吧！想象一下他们关于卫生、解剖、生理、内科和外科的知识吧！然而，这是我们仅有的可塑之才，而且我们必须利用好。他们非常渴望学习，渴望提高，经常为他们的工作做自我批评。所以，尽管我经常被他们的无能、无知、无序、无心搞得非常恼火，但是他们的朴实、好学和纯真的同志情谊和无私精神，常常使我的怒火最终消于无形……今天是我49岁的生日。我很骄傲我是前线最老的战士。从昨天下午开始，我做了整夜的手术，早上6点才上床睡觉。昨晚，我们为河间附近战场下来的40名重伤员做了19例手术……我非常快乐，非常充实。你们坚持战斗，我们在这里也将如此。是同样性质的战斗，我们必定胜利。

在这里，白求恩开始因陋就简地设计并亲自制作了各种医疗器具，他的适合战地需要的药驮子是他的得意之作。他在给援华委员会的报告中，兴奋地提到这种新的运送战地医院装备时说——

（它）能携带一个手术室、一个敷料室和一个药房的所有必需品。所有这些装备，足够做100次手术、500次包扎、配制500个药方，都能放在两头骡子上运走。

这期间，白求恩亲自编写教材约20册，培训了大批战场上急需的医务人员，改进了晋察冀辖区的医疗培训和护理工作。其中《游击战中师野战医院的组织和技术》共九章，译成中文后14万字，白求恩亲手绘制了119幅插图。这本书写得十分具体、细致、全面。只要是当时医务人员需要解决的问题基本上都包括了。

聂荣臻在1942年还经常提到这本书，他号召大家认真研究这本遗著。他说，"1939年在冀中，他(白求恩)经历了一次大扫荡，知道了怎样打仗，怎样流动，怎样救护，怎样搬运医院的经验，回来后写就一本《游击战争中师野战医院的组织和技术》，把红十字汽车换成骡子，做好架子，把司机换成马夫。这种改变就是把高度的科学知识运用到边区的具体环境,是很科学的。正因为他有科学的基础,才会想到在这样的环境下怎样做到科学化。今天汽车在边区之不科学,正如骡子在美国不科学一样。可是他的遗著,我们是否很好地研究过呢?我们口里时常叫科学化,可是在现在的环境怎样才叫科学化呢?许多同志认为这是个小问题,不值得注意,其实这正是具体化的科学问题。我们读过苏联红军的参谋工作,觉得它与白求恩有很多相似的地方。譬如,一个皮包多大,带几只红蓝铅笔,需要什么小刀,几张纸都具体规定出来了。同样的,白求恩也把一个医生带多少碘酒、棉花(一般人都认为是零碎的问题)都周密地规定出来了。从这里我们可以看到,一个科学家每件事,都经过脑子想过,不是随随便便,他直到死都念念不忘。"

聂荣臻称白求恩是"大众的科学家和政治家"。他指出,不要以为边区科学家对他们是侮辱,要知道,别的科学家的办法,在边区未必能用,为了伟大的民族解放战争,在具体的自力更生的困难条件下,能够解决问题。这就是边区科学家的可贵之处。

游胜华将军回忆了白求恩来后第一次火线手术惊心动魄的场面:手术室布置在一个小庙里,两边是哼哈二将,手术台就搭在了庙的中央,头顶罩着白布单,手术台旁燃起了熊熊的炭火,白求恩同志穿着白色工作服,扎着象橡皮围裙,和我们一起做好了一切准备工作,等候伤员的来到。

这时阵地已经打响了。机枪声、手榴弹的爆炸声响成一片。白求恩同志焦急地不时走到庙门口去瞭望有没有担架到来。下午一点多钟,第一批100名伤员到达,我们立刻投入了战斗。

手术室里除了钳子、剪子的叮当声和白求恩同志短促的指示声外,显得紧张而又安静。伤员一批接着一批到来,手术一个接着一个进行,白求恩同志全神贯注,简直连吃饭都忘了。晚上,白求恩同志在暗淡的灯光下,继续进行手术。我们几次劝他休息,他说:"伤员的生命要紧,我少休息一会儿有什么关系。"

手术一直进行到第二天上午。天空传来一片嗡嗡声,四架敌机盘旋在我们的上空。轰!轰!敌机投弹了,气浪冲击,手术台上的帐顶哗哗地乱响,担架和民夫开始隐蔽。我们劝白求恩同志隐蔽。他坚定地说:"前线的战士,能不能因为空袭而停止作战!不!我们的战斗岗位是手术台,离开手术台就是离开阵地,要坚守阵地。"说着,仍继续进行手术。

敌机来回盘旋,民夫们趁着敌机盘旋的空隙,抬着伤员,继续飞快前进。伤员逐渐增多,山沟里显得有些混乱。敌机发现了目标后,疯狂地轰炸。突然,轰的一声,小庙仿佛剧烈地跳动了一下。接着哗啦一片尘土落在手术台旁。警卫员跑进来呼吸急促地说:"一个炸弹落在庙后40米的地方,庙的后墙被震塌了。"我们都为白求恩同志的安全担心。三五九旅政治部的同志再一次劝说:"白求恩同志,赶紧隐蔽一下吧,我们要为你的安全负责。"白求恩同志岿然不动地说:"和法西斯作战就不安全。如果为了个人安全,我就不到中国来了。只有消灭法西斯,才有最可靠的安全……"在这次战斗里,我们和白求恩同志两天两夜没有合眼,先后给72个伤员做了手术……他又逐一给术后的伤员检查伤口,发现治疗效果非常好。在72例手术者中,有52名没有发生化脓性感染,控制感染率为72%。10%的伤员伤口只有轻度炎症,这就是说80%的伤员情况是良好的。总结这次战救工作,之所以取得这样的好成绩,主要是伤员一般都是在负伤8~12小时之内进行了手术。所以白求恩十分兴奋地对我们说:"这一次治疗,开创了世界的新纪录。比在西班牙战场上的疗效高多了! 可见,时间就是力量,时间就是阶级兄弟的生命!"

白求恩经常教育医护人员,一个好医生应该靠他的心灵去工作,而不仅是靠技术。他在模范医院成立典礼上充满激情的演讲中,界定了医务人员的责任是——

只有一个。那是什么呢? 使我们的病人快乐,帮助他们恢复健康和体力。你必须将每一名病人看做你的父兄,因为实际上他比父兄还重要……

时任晋察冀军区后方医院院长、白求恩得力助手林金亮回忆道:"有一次,白求恩同志正在指导医生为刚送来的一名伤员检伤,我有事从担架旁走过。忽然听到他在背后喊我:'林大夫,请你回来。'我转回来后,他说:'你不觉得刚才的行动不正确吗?'这时,周围围拢了一些医生、护士。我和大家都很愕然。他向我们大家说:'一个医生或者护士是不应该在伤员面前昂首而过的。'我们开始明白了他的意思。他说:'怎样才是正确的呢? 我现在来做给大家看看。'接着他开始示范。他走到担架旁边停下来,俯下身对伤员进行询问和检视,并亲切地安慰了伤员几句,然后起身走去。他走回来继续讲道:'这样做是不是有些虚伪呢? 不是的。对于这些负了伤的抗日战士,我们除了给以最大的注意、关怀和技术处理,没有别的方法来补偿他们为我们所忍受的痛苦。因为他们不仅为了挽救今日的中国,而且是为实现明天伟大的没有阶级剥削的新中国。'他的话,使伤员和我们深受感动。就这样,他利用我的一次小过错,给大家进行了一次生动而深刻的加强爱护伤病员观念的教育。"以人为本——白求恩以实际行动,哪怕是在微小的、不为一般人关注的细节方面,都深怀白衣天使的悲悯之心,忠实地践行着医者之道,难道不是令今天的我们,都深受教育和感动的吗?

在前线极其艰苦的条件下,在距前沿阵地仅4千米的村庄,白求恩带领的手术组,创造出69小时内为115名伤员做手术的纪录。

年近50岁的白求恩,在物资极度匮乏、营养不良的情况下,常常把自己的衣物、食品甚至鲜血献给伤员。他在给聂荣臻的信中说——

令人难以想象的是当其他大夫一个月仅拿1元工资、聂将军一个月只拿5元工资时,而我却能有每个月100元的工资!我不需要钱。

白求恩的事迹,在抗日根据地到处流传。他的精神深深地感染着八路军指战员。在很短的时间内,白求恩的名字成为传奇。他是战士们冲锋陷阵的保护神。"进攻!白求恩和我们在一起!"是战士们冲锋陷阵时呼喊的口号。

白求恩的精力之过人、洞察力之深刻令人吃惊。在这期间,他居然还能不停地挤出时间进行创作,仅在1938年,还不包括其亲手编写的培训教材在内,就写了6.5万字,相当于一本中篇小说!有些投到国外报纸的新闻稿,竟是为了给医疗队带来一些收入,以减轻八路军的资金压力!不断发出呼吁的信件多是介绍中国抗战,争取募集到援华资金。他根据真实故事创作了短篇小说《哑弹》,充满激情的散文《创伤》很著名。这两部作品都发表在1939年美国、加拿大和中国的刊物上。代表白求恩最高文学成就的《创伤》一文,气势宏伟,展现了白求恩对生命、人性、战争、贫富差距等诸多方面深邃的思考,其中他写道——

多美的身体呀,各个部分都那么完美,动起来是那么灵巧、那么柔顺、那么有生气和强壮。但是一旦它们伤残了,又是多么可怕。微弱的生命之光越来越弱,就像蜡烛一样摇曳了一下熄灭了,静静地、轻轻地。熄灭时它做了反抗,然后屈服了,它有权利说话,最后还是沉默了。还有吗?四个日本战俘。带他们进来,在这个痛苦的群体中没有敌我之分,切开那带血的制服,给他们止血,把他们平放在其他伤员旁边。哎呀,他们像弟兄一样! 这些士兵都是职业杀手吗? 不是,他们只是业余的士兵。劳动者的手,他们是穿着军装的地道的劳动者。

不幸的是,此后不到一年,白求恩自己就死于创伤!

原计划在 1939 年 10 月返回加拿大为援华筹款的白求恩,8 月在向他的朋友们写信宣布他的行程时说——

我不介意日常的辛苦——热和极冷、脏、虱子、食物单调而不合口味,也不担心山间行军和没有炉子、床和不能洗澡。我发现我都能适应,而且能在不干净的佛教寺庙里做手术。背后一尊 20 英寸高的面无表情的佛像从我肩上盯着我,我感觉就跟在现代化的手术室里做手术一样——那里有自来水,好看的瓷砖墙、电灯以及成百上千的附属设施。为给伤员敷裹,我们必须爬到土炉子——炕上。伤员没有褥子,没有床单。他们穿着褪了色的旧军装躺在那里,把背包当枕头,盖着填充了棉花的毯子。他们当然能赢得战争的胜利……我想为我这里的工作筹集到每月 1000 美元的保证金。我得不到钱。他们需要我在这里。这是"我"的领地。我必须回来。我梦想着咖啡,烤得很嫩的牛排,苹果馅饼和冰激凌。我幻想中的天国的食物! 书——还有人写书吗? 还有人在演奏音乐吗? 你们还跳舞,喝啤酒,看电影吗? 躺在洁白床单的软床上是一种什么感觉? 女人们还渴望被爱吗?

信中,白求恩不过是把过去富裕安逸的生活权当做一种回味而已。他认为他的"好运"是战斗并生活在中国的现实中,并对他人的不理解感到很"伤心"。

他死在一个群星灿烂的清晨

一场大的战役来临,白求恩毅然推迟了回国的行程,投入战斗。就在这次战斗中,白求恩因手术时手部感染导致败血症,于 1939 年 11 月 12 日凌晨 5 时牺牲在河北省唐县黄石口村。

弥留时,白求恩在遗嘱中将他所有的遗物不厌其烦地向他的中外战友一一做了分配,并在遗嘱中叮嘱需要购买哪些药品,且在哪儿采购更便宜。

曾亲手接过白求恩遗嘱的林金亮回忆说,当白求恩再度昏迷时"我们立即注射了强心剂,慢慢地他又苏醒过来。他再一次握住我的手,挣扎着说,

'你要马上组织一支医疗队,接近火线,收容银坊战斗的伤员。……战斗结束后,继续完成四分区的检查工作。'他大口喘着气继续说,'非常感谢你……和同志们……给我的帮助。……多么想继续……和你们……一起工作啊。'他艰难地呼吸着,'你还很年轻。你可以……挑选一部分……你喜欢的器械……继续更好地……工作。'他解下手上的夜光表,送给翻译留作纪念。见我们都非常难过,他安详地微笑着说:'不要难过。……你们努力吧!……向着伟大的路,开辟前面的事业。'"在他的遗嘱中,他还这样写道——

人生很好,很值得为它活上一回,但也的确值得为它去死……在中国的最后两年,是我一生中最重要、最有意义的时光。我有时也感到孤独,但我却在最亲爱的同志们中间获得了最大的满足……让我把千百倍的谢忱送给你和其余千百万亲爱的同志。

白求恩生命之火熄灭的时候,深蓝色的东方天幕群星灿烂。那带着丝丝血色的晨曦拨开云絮,将又一颗瑰丽的星星送上了苍穹。无论是跨过时空,还是越过地域,他永远在天边微笑地看着我们,我们也仰望着他。是啊,因为他不仅属于加拿大,还属于中国、西班牙、美国以及世界。

怀着沉痛的心情,毛泽东写下了著名的篇章《纪念白求恩》,赞扬白求恩是一个高尚的人,一个纯粹的人,一个有道德的人,一个脱离了低级趣味的人,一个有益于人民的人。聂荣臻亲撰祭文说:"呜呼!……君不辞劳,万里长征,深入敌后,赞助吾军。寒衣土布之服,饥餐粗粝之粮,救死枪林之下,扶死炮火之场……为君执绋,送葬军城,临穴涕泣,不知所云。"

半个多世纪以来,白求恩作为中国人民宝贵的精神财富,激励了几代的中国人为中华民族崛起和世界和平而奋斗;鼓舞中国广大医务工作者为提高人民的医疗健康水平而献身。他同时成为中加友谊的象征。

2007 年的深秋,晴空万里。天边覆盖皑皑积雪的落基山脉蜿蜒起伏,清晰历历。行走在大街上,行色匆匆地从我面前经过的你和他,陌生的当代加拿大人呵,我心存感激地注视着你们。为什么不呢? 你们是白求恩的同胞! 是啊,这算一份怎样的情愫?

盖因,百多年的中国近代史是一部屈辱史和血泪史。被西方列强视做东亚病夫的我堂堂中华,屡遭其蹂躏涂炭。而同为西方人,却有一个人自愿来帮助我们抗击侵略者,并将生命永远地留在了异国东方。我灾难深重的中华大地啊,这个西方人的一切早已和你融为一体,成为我们的永恒!

每年有超过 1 万的人来到这个只有 10 万人的小城看望"白求恩",其中75% 以上是中国人。有的中国观众甚至拥着馆长痛哭失声。几个月前,白求恩的二侄女,82 岁高龄的露丝回到故居,她惊讶,叔叔不过在中国才 22 个月,去世近 70 年了,还有那么多的人来看他,记着他。这,几乎是很多加拿大人的共同疑惑和感慨。对这种疑惑,我倒颇感吃惊:中华民族是一个深知感恩的民族! 要知道,露丝的叔叔做了常人做不到的事,在中华民族最危难的时候。中国人怎么可以忘记呢!

一对加拿大父子在离开纪念馆后有过如下一段对话:

"爸爸,这个白求恩为什么要去中国?""因为他愿意帮助中国人。""那他怎么死了?""打仗的地方很容易死人。""难道他不怕死?""我想他不怕。""那你怕不怕死,爸爸?""怕死,非常怕。有危险的地方爸爸都不会去。"

冥冥上苍给了如此多的巧合:

——没有刻意的安排,我们瞻仰白求恩故居那天,10 月 9 日,加拿大的感恩节期间。

——白求恩当年来华得到加美友好人士和组织的宝贵资助,其中包括中国人民的好朋友美国阿瑟·姆·赛克勒博士(Dr. Arthur. M. Sackler)。1983 年,距白求恩来华 46 年,在赛克勒博士的倡导和帮助下,《中国医学论坛报》诞生了。

——赴加之前的几周里,记者和报社其他员工排练了一台女声小合唱。两周前,在由报社和国内外相关组织联合举办的国际学术会议上,我们向中外来宾献演了中外民歌各一首。外国民歌是那首著名的加拿大民歌《红河谷》:

> 人们说你就要离开村庄,
> 我们将怀念你的微笑,
> 你的眼睛像太阳一样明亮,
> 照耀在我们心上。
>
> 走过来坐在我的身旁,
> 不要离别得这样匆忙,
> ⋯⋯

呵,匆匆离去的你啊,我们心中永远的痛!

隔着车窗,眼前那渐渐远去的淡绿色小屋和那一片片红,变成熊熊燃烧的火焰。此刻,这歌在心中骤然唱响。

我的心流泪了……

说明:本文除白求恩遗嘱外,所有楷体字部分文字均摘自《国际主义战士白求恩作品集》

(本文的完成承蒙:我的加拿大挚友谢汉平、李晓民夫妇真诚的帮助;游胜华将军的女儿游黎清无私地提供了白求恩助手游胜华和林金亮的回忆文章及其他信息,其中部分资料以往从未公布过,本文是独家首次披露;白求恩曾经的翻译董越千的女儿董纯、董政提供的信息;北京友谊医院贾继东教授以一个医生读者的视角阅后提出了很好的建议。在此一并表示最衷心的感谢!)

白求恩:中国人永远的感恩情结

MEDICINE

感 悟 医 学

杨志寅

杨志寅,现任中华医学会行为医学分会主任委员,《中国行为医学科学》杂志总编,卫生部教材办、人民卫生出版社专家咨询委员会委员,同济大学兼职教授,济宁医学院副院长、教授,山东省行为医学重点实验室主任,山东省行为医学教育研究所所长,济宁市科学技术协会副主席等。获山东省有突出贡献的中青年专家、山东省新长征突击手等称号。曾任泰山医学院副院长、教授。主编有《诊断学大辞典》(第1、2版)、《内科危重病》(第1、2版)、《心电学词典》(第1、2版)、《危重病手册》、《临床医生成才指南》等30余部专著,发表论文90余篇。

有人说:"医学是阳光底下最神圣的事业,仁心仁术,以人为本,医学是自然科学、人文科学与艺术的结合。医学还是一项造福黎民,关系社稷,利泽千秋的系统工程。"从医多年,深感医学事业的神圣,但医学是什么? 医学的目的是什么? 确需要进一步认识。

随着科技的发展,社会的进步,疾病谱的变化,医疗资源与需求的矛盾,很多国家程度不同地出现了医疗矛盾或医疗危机。在新的情况下,如何从更高层面上对医学的目的再认识,才有可能在行动上采取更有效的措施。目前,国内外比较一致的观点是:医学的目的一是预防疾病,促进和维持健康;二是解除病痛;三是照料病人;四是避免早死和追求安详死亡。尽管这种观点与目前"不惜代价延长生命"的观点有相悖之处。但细细斟酌和研究,觉得这种观点很有道理,也是医学发展的必然。医学必定是"人学",它是研究人的健康和疾病;它是为促进人类健康服务的。医学若不关注人的行为(也包括医学行为),那可能就偏离了医学宗旨。

"看病贵"已成为一个世界性难题。虽说其原因复杂,但其中一个重要因素,就是整个社会对医学目的的传统认识存在偏颇。大多数人认为医学应成为:战胜疾病、阻止死亡的利剑,"并尽一切可能,用高端的手段,不计代价地延长病人生命"。要知道这种不计代价的结果是,不仅极大地消耗了医疗资源,而且对于肿瘤晚期或一些绝症的终末期病人,病痛和有关治疗带来的痛处也无法让病人忍受,它不但折磨着人的肉体,还泯灭人的尊严。

近年来,医疗条件、医疗水准大大提升,但医疗费用急剧飙升,也可能是医患关系越来越疏离的关键因素之一。医疗费用过高尤其表现在一些肿瘤或绝症病人的终末期。美国曾对医学资源的趋向有过统计,结果发现一半以上的费用,仅用于延长病人的半年寿命。因为,相当一部分医疗资源的消耗多半是用在了病人的终末期,在我国或其他国家,医疗资源趋向恐怕也是大同小异。

医生们都知道,医生最大的无奈和尴尬,莫过于面对一个无望挽救的生命。束手无策的同时,我们也应理智地认识到,尽管科技发展迅猛,尽管有不少高精尖的诊治措施已用于临床,恐怕在一个较长时间内(可能是永远),临床上还是有很多病是治愈不了的。人不可能长生不老、长生不死,生老病死是客观规律。医学不能治愈所有疾病,医学不能治愈每一个病人。医学对人体和疾病的认识还很有限,而我们更不能盲目相信医学的"无所不能"。

当然,一种理念的转变,要有一个过程,病人、家属、医生乃至全社会都会有一个认识、转变和接受的过程。有人曾提到:"在宗教强盛而科学无力的从前,人们误将神的力量当成药物;在科学强大而宗教势弱的今天,人们又误将药物看做神力。"这两种观念都是对医学的认识有误所致。神不是医学,反过来,医学也不是神。具体说,先进的医疗技术不是神,高端的医学设备也不是神,更不能把药物看做神。

既然医学不是神,那么应该如何对待它、使用它呢?首先,对于医学不能战胜的疾病,如恶性肿瘤,在积极治疗的同时,应该把重点放到提高病人的生活质量。用"不惜一切代价",来处置老年恶性肿瘤或一些绝症……用各种贵重药物和高端手段,延长其一段质量极差的生命,有时不是明智的。

此时病人"惨不忍睹"、"痛不欲生",认为"生不如死",却因为家属的恳求,或是其他原因,甚至治疗是为了要表达什么……在很短的时间内,消耗大量资源,以致终末期治疗费用过高。结果是人财两空,家庭和社会都承受很大负担,特别是对那些并不富裕的家庭来说,已严重地影响了活着人的生活质量。一个绝症拖垮一个家庭,这种例子并不少见。所以,对于"绝症",医疗的目的不是"不惜一切代价去处置",而是减轻其痛苦,让他安详地离开这个世界。不是"用高端的手段,不计代价地延长病人一段很有限的生命",而是按实情进行治疗。对一些难以治愈的"绝症",重点要转移到"照料"、"安慰"、"关怀"上。正如撒拉纳克湖畔的医学铭言:"有时,去治愈;常常,去帮助;总是,去安慰。"

其次,要发挥医学的作用,应重视建立科学的理念,重视疾病的预防和医疗当中的人文关怀。医疗设备、医疗技术、药物等"硬件"固然必不可少,但医务人员的工作方法、态度等"软件"也至关重要。

20 世纪 90 年代,全球结核病死灰复燃。在我国,发病率也呈上升趋势,但唯有北京地区保持着结核病的低发病率和低死亡率。这一宝贵经验令世界关注,获得了国际防痨联盟隆重颁发的最高成就奖。靠的是什么呢?不是新药、新设备,而是科学理念;从公共卫生、预防着眼,坚持深入现场,严格规范治疗,一丝不苟随访。这样做使广大病人能按时、按量认真服药。使治疗的顺从性几乎达 100%,出色的顺从性收到了出色的防治效果。说起来道理很简单,但这其中却饱含着医务人员对病人的一片深情和爱心。正是这些,才使平凡的药物、平凡的疗法,产生了不平凡的效果,才得到了世界顶级专家们由衷的赞赏和钦佩。

麻风病的综合防治以其先进性、创新性,突出的效益和在世界上的巨大影响,荣获 2001 年度国家科技进步一等奖。这靠的也不是新药、新的医疗设备,而是深入现场、防治结合以及医务人员几十年如一日的真心、爱心和汗水。在医疗防治工作中,"软件"常常胜过"硬件",爱心不亚于药物。

如此境界的医者,对医学科学精神和医学人文精神的关系有着更深的感悟。对人的生命有着由衷的敬畏,在对病人奉献终极关怀的过程中,不仅守护了他人的身心健康,也守望了自己的精神家园。